VIVAT ENTROPIA !

Ty

et Gr

172 PLACE PASTEUR ALBERT KIEFER - 67310 BALBRONN
WWW.PEREFOUETTARD.FR

TRADUCTION DU TCHÈQUE : EURYDICE ANTOLIN

ADAPTATION MAQUETTE : LESLIE NOKHAMZON

ISBN 978-2-37165-077-0
PREMIÈRE ÉDITION ET DÉPÔT LÉGAL : SECOND SEMESTRE 2021
ACHEVÉ D'IMPRIMER EN BELGIQUE EN 2021 AVEC L'INDULGENCE TYPOGRAPHIQUE DE THOT.
LOI N°49-956 DU 16 JUILLET 1949 SUR LES PUBLICATIONS DESTINÉES À LA JEUNESSE

MINISTRY OF CULTURE
CZECH REPUBLIC

CET OUVRAGE A ÉTÉ RÉALISÉ AVEC LE SOUTIEN
DU MINISTÈRE DE LA CULTURE DE LA RÉPUBLIQUE TCHÈQUE.

po
aillon

Père
Fouettard

ončinsk

Špaček

Klárova

těpán

BFLMPSVZ
A-Z

JE FAIS LE SERMENT
DE TRAVAILLER ET M'APPLIQUER
CONSCIENCIEUSEMENT
JOUR ET NUIT
À DÉLABRER ET FAIRE RÉGNER
LE DÉSORDRE !

RIEN JAMAIS RESTER NE DEVRA
BIEN À SA PLACE RANGÉ
TOUT SANS CESSE DEVRA TENDRE
VERS LE CHAOS INFINI
DE L'ENTROPIE.

CE N'EST QU'AINSI QUE NOTRE UNIVERS
ET LE MONDE RESTERONT
IRRÉSISTIBLEMENT GÉNIALISSIMES.
CE N'EST QU'AINSI QUE JE SERAI
UN VÉ ITABLE LUTIN ENTROPIQUE.

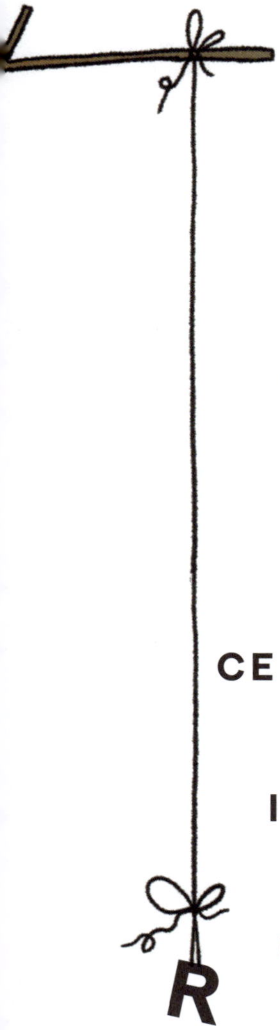

SERMENT SOLENNEL DE L'E.E.D.

Fig 1

1.
fau
à q

Fig 2

Fig 3

La
te
ui ?

Fig4

Vous avez remarqué que les choses se dégradent ?

Bien sûr que oui, c'est impossible de ne pas le remarquer. Ce jouet qui était tout neuf il y a peu de temps est tout à coup éraflé puis tout cassé. Ce T-shirt que vous avez mis hier pour la première fois se retrouve troué et les couleurs vives de ses belles images se fanent. Ce goûter que vous avez oublié dans votre cartable la semaine dernière…
Euh, bon, je ne vais pas trop le décrire… vous, les humains, vous êtes assez sensibles avec ces choses-là…
Tout s'use et vieillit sans cesse, c'est ainsi.

Même ce livre va se détériorer et, un jour, il finira par tomber en morceaux. La faute à qui ?
Qui est-ce qui est responsable du fait que, sitôt que vous regardez ailleurs un instant et ne les surveillez plus, les objets qui étaient flambant neufs se retrouvent soudain abîmés ?
Si vous voulez vraiment savoir, eh bien c'est moi !

Enfin… je ne suis pas tout seul, évidemment.

Nous sommes plusieurs.
En fait, nous sommes très nombreux.
Qui sommes-nous et que faisons-nous exactement ?
Je vais vous le montrer. La dégradation nous demande énormément de travail, vous n'allez pas en croire vos yeux !

2. Qui s

uis-je ?

Mais d'abord, je me présente :
Je m'appelle Typo.

Ça peut aussi s'écrire Tyop. Ou Ytop. Ou bien Oytp.
Mais là, c'est plus difficile à écrire et encore plus à prononcer…
Hé hé hé ! Essayez donc de trouver par vous-même toutes les différentes façons d'écrire votre propre nom.
Vous allez être épatés.
Mélanger les lettres, c'est vraiment amusant !

Mais revenons à moi. Je suis un lutin entropique.
Vous vous demandez peut-être si j'habite sous les tropiques, puisque je suis un entropique. Mais pas du tout. Notre nom vient du mot « entropie », qui veut dire : créateur de désordre. Le professeur Rebique, dont je vous parlerai tout à l'heure, explique l'entropie de façon très compliquée, mais moi je vais vous le dire simplement : l'entropie, c'est comme si vous jouiez au Memory et que vous ne trouviez aucune paire, comme si les cartes s'étaient égarées.
D'ailleurs, c'est ça la règle du Mementropy. C'est notre jeu et l'an dernier j'ai gagné le championnat de mon école. Je suis super fort pour égarer les cartes !
L'entropie, c'est le désordre et la confusion que vous pouvez constater autour de vous, c'est notre œuvre à nous, les lutins entropiques.

Moi, je suis seulement en troisième année à l'E.E.D., l'École élémentaire de dégradation, mais il m'arrive d'aller aider mon père pendant son travail à la bibliothèque. Il m'emmène en stage là-bas une fois par semaine.
J'ai hâte d'avoir fini l'école et de me mettre à travailler tout seul, sans surveillance. Sauf que je suis bien plus intéressé par Internet et les programmes informatiques que par la bibliothèque. Mon père, lui, ne veut même pas en entendre parler. Il a travaillé toute sa vie avec des livres et il ne comprend rien aux ordinateurs. Ce qui le rendrait fier, ce serait que je m'attelle à un écrivain célèbre parce que, comme ça, mon travail serait vu par des lecteurs du monde entier. C'est sûr, oui, introduire une bonne faute de frappe dans un livre hyper célèbre, ce serait top, évidemment… Mais qu'est-ce que c'est comparé à une faute dans un programme informatique utilisé par des millions de gens ? Enfin, pas la peine de lui expliquer ça... Alors pour l'instant, je me contente d'une journée par semaine à la bibliothèque où je suis chargé de faire des coquilles et de semer la pagaille dans les écritures des livres, des journaux et des magazines.
Comment je fais ? Soyez attentifs, je vais vous faire une démonstration :

Si, par exemple, dans un journal, ils ont voulu écrire :

LE PRÉSIDENT A SAISI LA BALLE AU BOND

Je me précipite pour changer ça en :

LE PRÉSIDENT A SAISI LA BAFFE AU BOND

Ou bien quand il est écrit dans un livre :

APRÈS AVOIR TUÉ LE DRAGON,

IL ÉPOUSA LA PRINCESSE

Après une de mes petites réparations, vous pouvez lire :

APRÈS AVOIR PUÉ LE DRAGON,

IL ÉPOUSA LA PRINCESSE

Et ce que je préfère le plus au monde, ce sont les mots comme :

MITTELSCHAEFFOLSHEIMOIS

Hé hé hé ! Vous imaginez bien que je m'en donne à cœur joie avec des mots comme celui-ci ! Vous en connaissez des mots très compliqués ?
Ce serait gentil de me les écrire dans mon petit carnet. J'en fais la collection.
Merci !

Donc, mon père dit que je passe mon temps à des âneries, alors que lui il a un travail important et sérieux. Mais moi, je pense que les fautes de frappe, c'est l'avenir, vraiment.
En même temps, il faut bien reconnaître qu'en tant que directeur du Service de détérioration des livres, il doit travailler dur.
Vous allez voir, je vais vous expliquer ça.

3. Le Se
détéri
des l

rvice de

oration

ivres

LE CHOCOTACHEUR VAPEUR À DEUX TEMPS

CETTE INVENTION DE BRIKCIUS GOURMANDIN EST À CE JOUR LA MACHINE À SALIR LA PLUS UTILISÉE. GRÂCE AUX FUITES DE CHALEUR RELATIVEMENT ÉLEVÉES PENDANT SON FONCTIONNEMENT, LE CHOCOLAT FOND VITE ET S'ÉTALE MIEUX. SON INCONVÉNIENT, C'EST QU'IL EST TRÈS LOURD ET NÉCESSITE L'UTILISATION DE 2 À 3 LÉPISMES ARGENTÉS POUR SA TRACTION.

LE TOMATO-TAMPON

VÉRITABLE RÉVOLUTION DANS LE DOMAINE DU BARBOUILLAGE À LA SAUCE TOMATE, CETTE DISCRÈTE ASTUCE NOUS A ÉTÉ APPORTÉE PAR L'INVENTEUR AMÉRICAIN JIM KETCHUP.

Peut-être qu'il vous est déjà arrivé, à la maison, de ne pas retrouver votre livre préféré sur son étagère. Vous avez eu beau chercher, c'était comme s'il avait disparu. Pas d'inquiétude, il n'a pas disparu. Enfin, si, mais juste pour un petit moment... Il est dans le service de mon père. Et la prochaine fois que vous passerez devant l'étagère, vous le trouverez à coup sûr. Il sera simplement un peu plus abîmé que dans vos souvenirs.

Mon père et ses collègues savent vraiment faire plein de trucs géniaux. Avec eux, n'importe quel horrible livre neuf prend bien vite la bonne apparence, celle que devrait avoir tout livre correct : pages déchirées, coins cornés, taches étalées, etc. Enfin, vous voyez bien sur vos propres livres. Par exemple, les laqueurs travaillent jour et nuit pour que le papier blanc ordinaire qu'avait le livre quand vous l'avez acheté devienne avec le temps joliment défraîchi et jauni ou bien grisé.
Ils sont aidés par les cornepages, les perforeurs, les déchireurs et parfois même les humecteurs et les dissolveurs d'encre.
Il existe une division à part : l'équipe du Quatre-Heures travaille à ce que chaque page soit bien incrustée de traces de nourriture. J'adore leur Tomato-Tampon ou encore leurs flacons pulvérisateurs de gras et, bien sûr, leur Chocotacheur. Mon père dirige et contrôle tout ça. Je peux vous dire que, franchement, je ne voudrais pas faire ce travail-là, c'est vraiment très dur !

Ma mère aussi travaille au Service de détérioration des livres.
Elle s'occupe du département des senteurs. Elle travaille dans un laboratoire immense avec plein de fioles, des cornues et des éprouvettes remplies de poussières, de pourritures et de moisissures.
Elle est vraiment douée pour les mélanges ! Est-ce que vous aviez déjà remarqué que chaque livre a une odeur un peu différente de celle des autres ? Allez-y, essayez, sortez quelques livres de votre bibliothèque et sentez-les... Alors ? Vous sentez ça ? C'est ma mère qui l'a fait !
Elle est forte, hein ?

Ma mère est très gentille, mais elle n'arrête pas de me dire où je dois me tacher et avec quoi, comment je dois faire des accrocs à mes vêtements, les chiffonner correctement... Parfois, ça m'ennuie un peu. Chaque fois que je rentre à la maison sans au moins une tache de glace sur mon pantalon, elle me gronde. Il faut toujours que ma chambre soit bien en désordre aussi et malheur à moi si jamais je range mes jouets dans un tiroir ! Franchement, n'essayez jamais de ranger devant ma mère, elle a horreur de ça !

Maintenant que les présentations sont faites, je voudrais vous raconter enfin la grande aventure qui m'est arrivée il n'y a pas si longtemps, avec mon copain Graillon. C'est une aventure qui nous a conduits jusqu'à la Grande Dent du Temps, celle qui gouverne et règne sur le vieillissement de tout ce qui existe dans notre monde. Vous en avez déjà entendu parler ? Chez nous, les lutins entropiques, on raconte des histoires légendaires sur elle, mais en fait personne ne l'avait jamais vue, jusqu'au jour où, moi, je l'ai vue...
Mais je vais d'abord vous parler de Graillon !

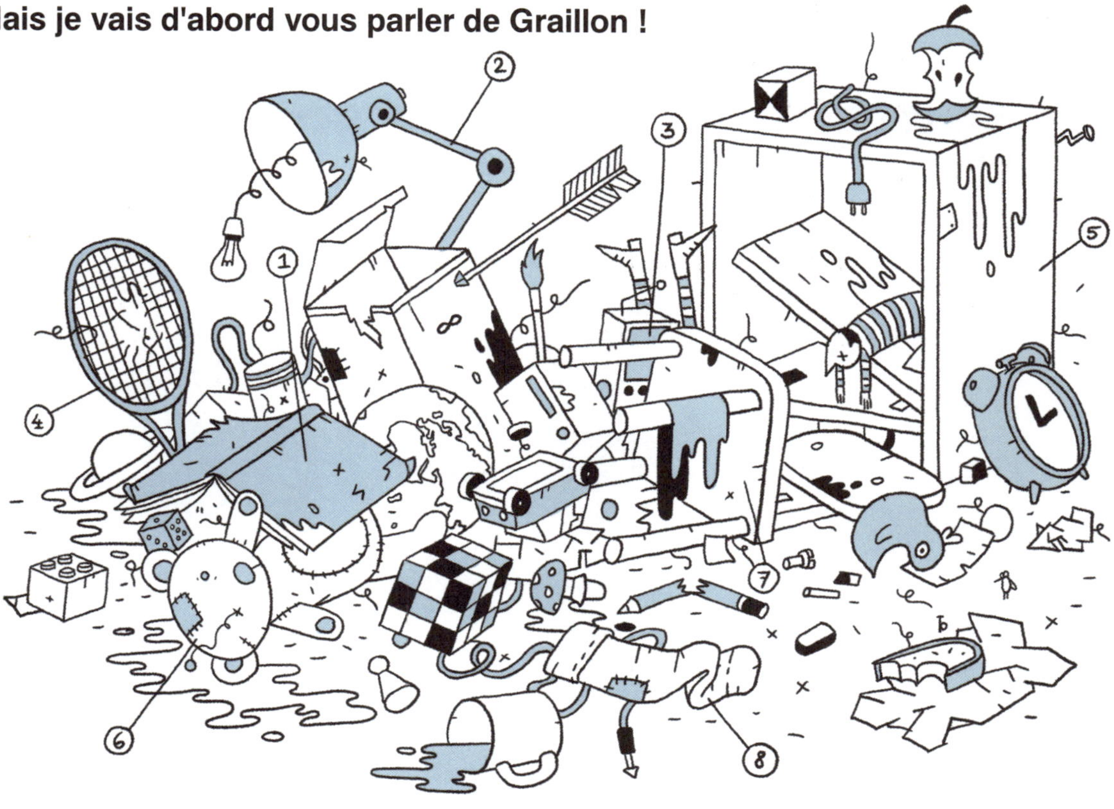

AMÉNAGEMENT DE LA CHAMBRE D'UN ENFANT : OPTION BOMBE ATOMIQUE

20
4

Lorem ipsum dol
nte, mattis quis s
sollicitudin dian
eleifend, magna
r in sem. Proin u
s ex pulvinar. Cu
placerat,
Nulla facilisi. Suspe
get orci mole
diam sen
at imperdie
tempus
Sed facilisi
m porta, venenatis
aliquet mattis. Sed c
l justo, lobortis non
sus, urna imperdiet
orci scelerisque tellus, eget venena
ivamus hendrerit massa vitae lacu
Donec maximus mollis
POINTS

4. Mon
Gra

copain

llon

Graillon est mon meilleur copain depuis notre première année d'école. Personne ne voulait s'assoir à côté de lui, alors je m'y suis mis, moi, parce que je trouvais ça un peu triste, vous comprenez. Graillon adore le lait chocolaté et il fait des taches partout avec, alors bien sûr c'est le chouchou de tous les profs et ils le donnent tout le temps en exemple. Surtout madame Coulure qui nous enseigne la conception des taches liquides, elle dit toujours que les autres feraient bien de prendre exemple sur lui. Elle nous montre sans cesse le désordre parfait qu'il laisse sur le banc et comment il barbouille bien ses cahiers et ses livres de classe.
Regardez comme cette page-ci est bien tachée. C'est Graillon qui a fait ça, parce qu'il adore se trouver mentionné dans les livres. Même à la cantine, Graillon est félicité pour son comportement à table.
Mais je vais vous dire une bonne chose : je sais, moi, que ça l'agace pas mal parce que, en réalité, il est vraiment cool et il n'a aucune envie de passer pour le premier de la classe.

MOUTONAN POUSSIÉRIFORME COMMUN (COCONIS VULGARIS)

RELATIVEMENT FACILE À CULTIVER, CETTE PLANTE ORNEMENTALE EST ABONDANTE DANS LE MONDE ENTIER. SA PARTICULARITÉ EST DE DÉTESTER L'EAU, QUI LUI EST TRÈS NÉFASTE. ELLE S'ÉPANOUIT DANS LES RECOINS SECS ET JAMAIS LAVÉS. ELLE EST UTILISÉE POUR CULTIVER DES ALLERGIES ET DÉCORER LES SURFACES NEUVES ET RELUISANTES.

La famille de Graillon est une famille de fermiers, ils produisent des crasses et des moisissures.
À part son oncle Vrillette. Lui, il n'a pas besoin de travailler à la ferme, parce qu'il est super riche, il passe son temps à creuser le sol pour trouver du pétrole, et ça lui prend tout son temps.
C'est vraiment chouette à la ferme. Ce qui me plaît le plus, c'est leur immense plantation de Moutonans Poussiériformes. Ce sont ces touffes de poussière que vous pouvez trouver chez vous dans les recoins et sous les lits. Eh bien, c'est exactement ça qu'ils cultivent, et elles sont parfaites pour y faire l'andouille. Avant, on allait souvent jouer à la ferme, mais la maman de Graillon s'est fâchée parce qu'on faisait peur à ses noctuelles, alors on y va beaucoup moins souvent maintenant.

CROISSANCE D'UN PLANT
DE TACHURE COMMUNE

PESTILENCE LIQUIDE

ULTRA CONCENTRÉ
DILUER DE L'URINE DE SOURIS.
CONSERVER DANS LE NOIR ET
À L'HUMIDITÉ. SI NÉCESSAIRE,
AJOUTER DE LA CROTTE.

Graillon et moi, nous faisons vraiment la paire. Parfois, quand j'ai besoin de mettre un peu de désordre chez moi, je l'invite et c'est plié en un rien de temps. Une fois, je l'ai aussi invité à venir voir au travail de mon père et tous ses collègues sont venus admirer comment il maculait bien tous les livres qu'il prenait en main. Il arrive que je lui envie un peu son talent, mais ce qui est bien avec lui, c'est qu'il ne frime pas pour autant. Au contraire, pour un ami il se plierait en mille morceaux et il a un cœur grand comme ça, plein de bonté et tout souillon. Là où il a vraiment du mal, c'est pour l'écriture. Mais je peux l'aider, moi, et avec grand plaisir. Je connais toutes les fautes de grammaire et d'orthographe sur le bout des doigts, alors il arrive que je fasse ses devoirs à sa place. Il n'y a pas très longtemps, nous avons eu dictée et ce pauvre Graillon n'avait pas la moindre faute dedans, alors j'ai échangé nos copies en vitesse. Seulement, le prof, monsieur Erratum, s'en est aperçu parce que, évidemment, la copie de Graillon était pleine de taches de chocolat. Alors comme punition, on a dû rester tous les deux après la classe pour introduire des fautes dans les horaires de bus.
Je peux vous dire qu'on a trimé !

Graillon et moi, il ne nous arrive que des tuiles, mais jamais aucun de nous deux ne laisserait tomber l'autre.
Jamais de la vie !
Les meilleurs copains doivent s'entraider, c'est évident.
Graillon et moi, on a toujours été et on sera toujours les meilleurs copains du monde. Enfin... sauf la fois où il y a eu cette histoire avec la Dent du Temps, mais je vais y venir bientôt.
Je vais d'abord vous parler de notre école.

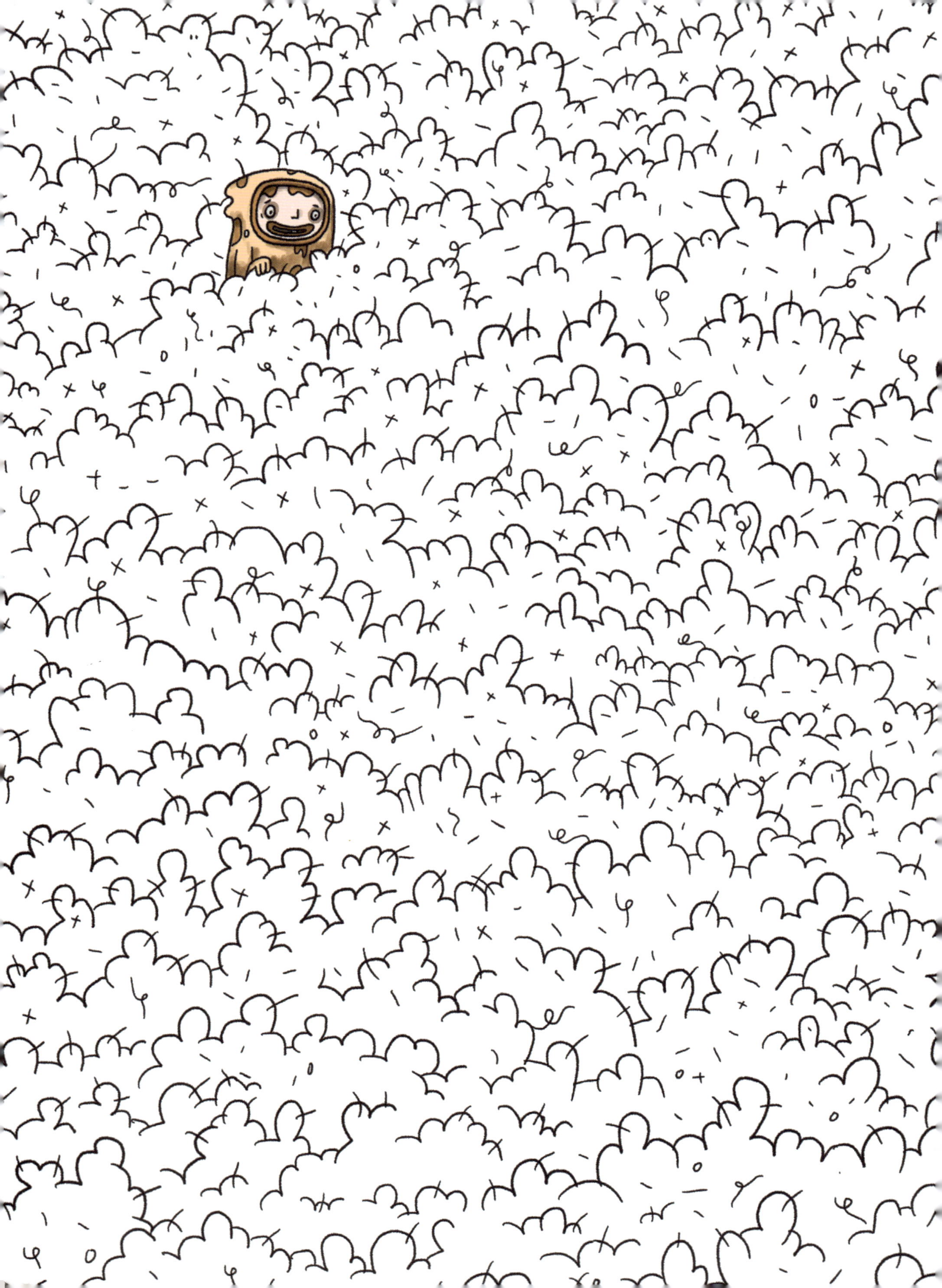

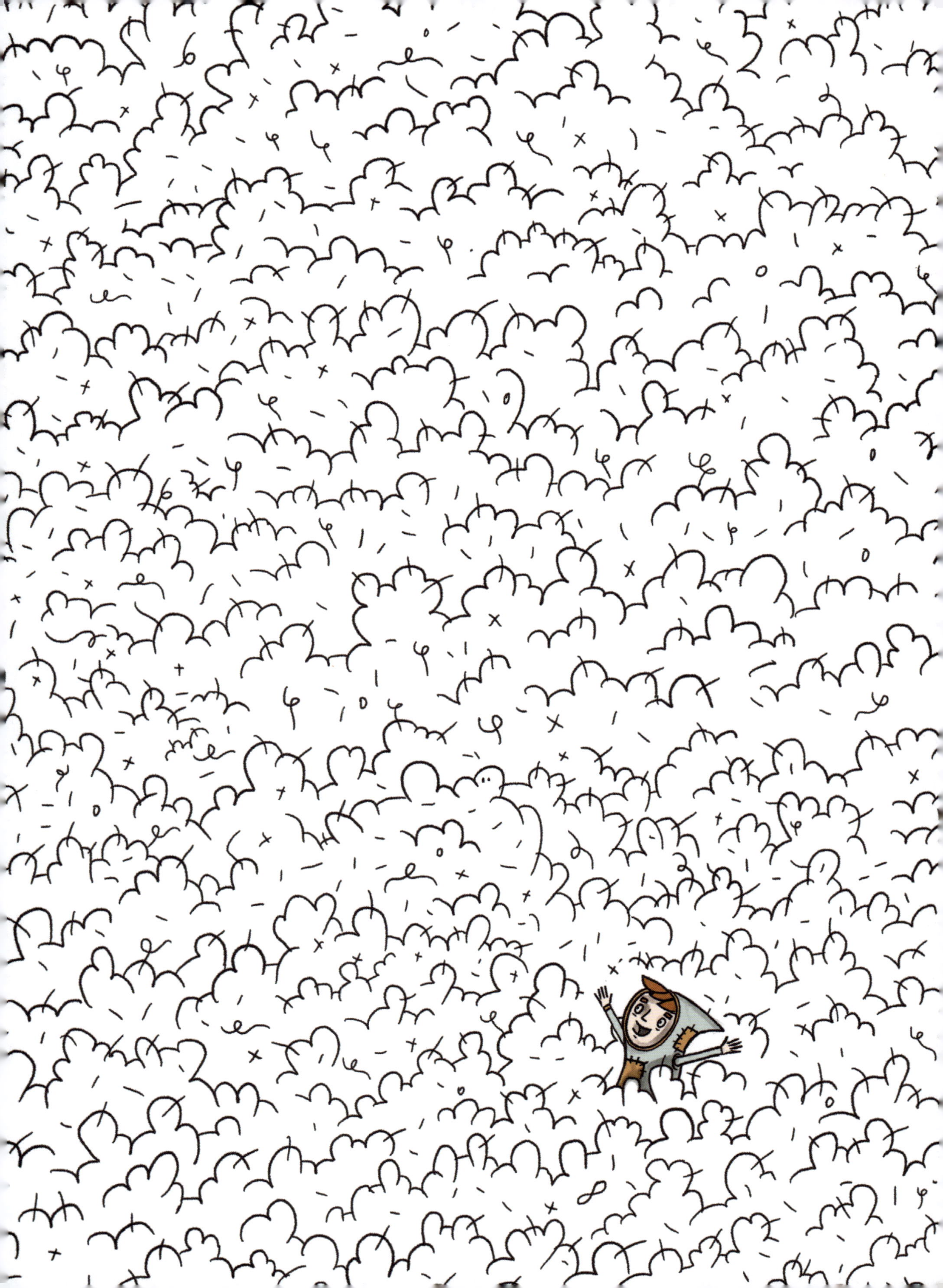

5. L'

éléme

de dégr

UNIFORME DE PARACHUTÉ

TYPE « TRITON », UNISEXE, TAILLE L, CAOUTCHOUC PERFORÉ.

ANTIGLUE INSTANTANÉE

MODÈLE HUMIDIFIANT ULTRARAPIDE, DÉCOLLE DE TOUTES SURFACES CONNUES.

Comme je vous l'ai déjà dit, Graillon et moi nous sommes en troisième année à l'École Élémentaire de Dégradation.
Les meilleurs élèves deviendront des parachutés qui seront envoyés chez les humains. J'ai tellement hâte d'aller dans le monde des humains ! J'imagine qu'il est immense avec plein de choses qui se délabrent merveilleusement. Je suis tellement impatient de devenir parachuté et d'aller enfin voir là-dehors ! Mais avant de pouvoir y arriver, il faut réussir à l'école et recevoir une formation pratique très rigoureuse. Nous, les lutins entropiques, nous sommes invisibles pour les humains parce que nous sommes tellement petits, mais c'est justement pour ça que tout parachuté doit respecter des règles de sécurité très strictes, pour ne pas être aspiré, piétiné ou écrabouillé par un chiffon de nettoyage. Il n'y a pas longtemps, Paratrooper Vittel, un parachuté, est venu nous parler en classe pour nous expliquer comment il travaille avec les fontaines et les canalisations. Il m'a complètement bluffé, il est vraiment balèze !

« Je suis le chef général des équipes de carriers des fontaines », il a expliqué. Et tout le monde même madame Coulure, la prof, l'écoutait en silence. « Nous travaillons dans des carrières d'où on extrait le calcaire qui va servir à boucher l'écoulement des eaux. C'est un travail dangereux. Le port du casque est obligatoire. L'eau peut être étonnamment dure, parfois. »

« Ha ha ha ! De l'eau dure ! Il s'est pris un coup de calcaire, lui ! » ont ricané Fendrouille et Miskine. Ils ont redoublé et n'arrêtent pas de causer des problèmes. La prof leur a lancé un regard noir, mais Paratrooper Vittel a continué tranquillement : « Les envaseurs, qui installent des algues spéciales dans le fond des fontaines, utilisent des ventouses pour ne pas glisser et éviter les accidents. Les humains ont l'habitude de jeter des pièces de monnaie dans les fontaines et éviter la chute de ces grosses pièces est souvent une question de vie ou de mort ! »

Poucave, qui est toujours assise au premier rang et a toujours des tas de questions à poser, a dit : « Et comment vous faites pour avoir les doigts si parfaitement verts ? »

– C'est sûrement à cause de ses crottes de nez ! » a crié Miskine.

Fendrouille s'est bidonné alors la prof a fini par leur crier de cesser tout de suite, sinon ils devraient rester après la classe pour aller faire rancir les noisettes de Noël dans son bureau.

Paratrooper Vittel s'est tourné vers Poucave et a expliqué :

« C'est justement à force de travailler avec les algues, jeune fille. Chaque jour, dans notre département cosmétique, nous devons les colorer et les allonger. Quand on fait ça depuis longtemps, leur couleur verte finit par s'incruster dans notre peau. C'est d'ailleurs pour cette raison que, chez les humains, sont nées des légendes sur les monstres des marécages. »
« Ça, c'est fort de cacao ! » a soufflé Graillon et, pour une fois, c'est à lui que madame Coulure a lancé un regard noir. Ensuite, le parachuté a parcouru tous nos visages du regard et a dit : « Les enfants, savez-vous à quoi on reconnaît une très bonne fontaine ? »

Nous avons tous répondu en chœur : « Non ! »
Madame Coulure a tenté timidement : « Elle est toute verte ?
– L'eau n'y coule pas ! Le but ultime de tout travail sur une fontaine est de parvenir à la boucher. Et comme, sans vouloir me vanter, dans notre équipe nous travaillons de façon exemplaire, vous trouverez des fontaines asséchées dans de nombreuses villes. Et je peux vous assurer qu'il y en aura toujours plus ! »
La prof s'est mise à applaudir avec enthousiasme alors nous avons fait pareil, ce qui a mis Paratrooper Vittel de si bonne humeur qu'il nous a même montré le téléporteur que chaque parachuté doit avoir dans son sac à dos.

Le téléporteur, c'est un truc génial, ça peut vous transporter depuis la Centrale jusqu'à l'endroit précis où vous voulez aller.
Sans le téléporteur, les lutins entropiques seraient complètement perdus dans ce monde immense qu'est celui des humains.
C'est pour ça que mes parents ne veulent pas me laisser y aller.
J'ai vraiment trop hâte d'avoir mon propre sac à dos téléporteur et de partir pour ma première mission ! Les rencontres avec les parachutés à l'école, j'adore ça, mais ce que je n'aime pas du tout c'est le cours d'histoire de la dégradation avec le professeur Rebique.

SAC À DOS DE PARACHUTÉ AVEC TÉLÉPORTEUR ET COMPTEUR INCORPORÉS, AUSSI APPELÉ « TÉLÉPORTEUR ».

CETTE MACHINE PRIMITIVE PERMETTANT DE SE DÉPLACER DANS L'ESPACE FONCTIONNE SUR LE PRINCIPE DE LA DÉSINTÉGRATION DU NOYAU ATOMIQUE ET DE L'ÉTERNUEMENT. C'EST L'OUTIL INDISPENSABLE DE TOUT PARACHUTÉ. DES ANNÉES DURANT, ON A CRU QUE SON INVENTEUR ÉTAIT LUDOVIC TOURDEMANCHE, SCIENTIFIQUE AMATEUR ET PRESTIDIGITATEUR, JUSQU'À CE QU'IL S'AVÈRE QUE C'ÉTAIT EN FAIT SA GRAND-MÈRE ULRIKE QUI AVAIT DÉCOUVERT SON PRINCIPE DE BASE EN FAISANT DES COMPOTES DE COING.

6. La dég aujou et de

FABRICATION DE TACHES D'ENCRE À LA CHAÎNE

FABRICATION MANUELLE ET ARTISANALE DE TACHES D'ENCRE

L'INGÉNIEURE PIGMENT

EN INVENTANT LA TACHE D'ENCRE, ELLE S'EST INSCRITE DE FAÇON INDÉLÉBILE DANS L'HISTOIRE DE L'ÉCRITURE.

Le professeur Rebique doit avoir au moins six cents ans, on dit même qu'il est l'auteur des premières fautes d'impression au monde. C'est aussi le directeur de notre école et, dans ses cours, il nous enseigne l'évolution du phénomène de dégradation depuis la préhistoire jusqu'à nos jours.
On examine les plus célèbres ruines du monde et on apprend comment étaient nos glorieux ancêtres. Franchement, ça n'a pas l'air ennuyeux ?
Ça l'est carrément ! Je préfèrerais ne pas être obligé d'aller en cours d'histoire, mais mon père y tient : « Écoute bien le professeur Rebique, c'est une sacrée sommité ! Il t'apprendra absolument tout sur la détérioration, l'usure et le vieillissement. N'oublie jamais ça : qui est curieux sera bien vite vieux ! »
C'est un de ses proverbes préférés. Chez les entropiques, pas moyen d'être pris au sérieux tant qu'on n'a pas au moins cent ans.

Dans la préface de l'édition complète de *La Dégradation à travers l'Histoire*, volumes I à MDCCCXVII du professeur Rebique, on peut lire ça par exemple :
« Il est avant tout nécessaire d'avoir conscience que tout ce qui se trouve autour de nous n'a pas toujours été usé et abîmé.

L'univers lui-même a un jour été neuf, frais et rutilant, mais fort heureusement un changement est survenu avec l'apparition de la Dent du Temps. Depuis, règne le fameux *Fugit irreparabile tempus* : le temps fuit inéluctablement. Et nous devons lui emboîter le pas afin que sa course produise les fruits tant désirés de la décrépitude.
Notre histoire est, depuis ses débuts, étroitement liée à celle des humains. Depuis les temps les plus reculés, où notre ancêtre Drrrrng a découvert la première écorniflure, nos prédécesseurs ont travaillé sans relâche à user et détériorer toutes les choses au monde.
Naturellement, l'entropique de Néandertal utilisait des outils fort primitifs. Néanmoins, même l'émousseur en silex ou la perforeuse en os d'omoplate ont posé les bases des instruments modernes depuis le mâchouille-crayon jusqu'au gondoleur de routes télécommandé.

PERFOREUSE MANUELLE BILATÉRALE À SÉCURITÉ

ATTENTION ! À MANIPULER AVEC UNE PRUDENCE EXTRÊME ! NE PAS LAISSER À PORTÉE DES ENFANTS DE MOINS DE CENT ANS ! NE JAMAIS UTILISER SANS ENCLENCHER LE SYSTÈME DE SÉCURITÉ ! JAMAIS !

Nos plus grandes fiertés demeurent les monuments antiques d'Égypte, de Grèce et de Rome. Aujourd'hui encore, même les humains admirent leur formidable allure délabrée et ébréchée grâce à laquelle ils ont inventé ce qu'ils appellent le tourisme. Malheureusement, certains humains ne comprennent toujours pas notre travail : je parle de ces groupes de vandales qui se font appeler les Restaurateurs. Ces gens n'ont aucun respect pour le difficile travail de précision que des générations entières ont consacré à ces bâtiments des siècles durant et ils font tout pour réparer et rénover, remettre les choses dans leur état d'origine. Quelle barbarie ! »

Ouf ! Et encore, ce n'était que l'introduction !
Ne me demandez pas la suite.

Et pour ce qui est des cours d'Histoire de la dégradation en eux-mêmes, voici comment ils se déroulent : pendant que la moitié des élèves somnolent, Miskine et Fendrouille jouent discrètement au dépotoir de voitures au fond de la classe ; le professeur Rebique reste immobile devant le tableau, comme un fantôme, à parler encore et encore ; et nous, nous devons tout prendre en notes. On doit noter par exemple précisément à quelle date l'ingénieure Pigment a élaboré la première tache d'encre ou bien quand les frères Ritz ont découvert la technique d'effilochement des tissus. Ou encore nous devons apprendre par cœur le tableau périodique des éléments tachants du docteur Louchétoffe. Le pire, ç'a été la fois où nous avons dû faire une rédaction sur le sujet suivant :
« Qu'y a-t-il eu en premier de l'œuf ou de la poule ? »
J'ai passé un mois là-dessus, une vraie torture ! Essayez donc de répondre à cette question, vous, pour voir. C'est impossible, hein ? Et vous savez pourquoi ? Parce que, pour finir, nous avons appris que c'était la plus ancienne question au monde à être restée sans réponse... Vous voyez un peu le tableau. Ce qui nous a le plus amusés dans cette affaire, c'est que Fendrouille a soutenu mordicus que, de toute façon, une poule n'était rien d'autre qu'un œuf cassé, ce qui fait que Rebique et lui se sont disputés longtemps.

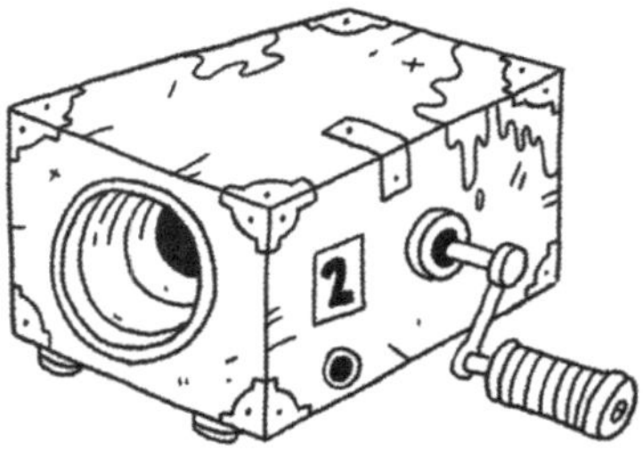

LE MÂCHOUILLE-CRAYON

MÂCHOUILLE LES CRAYONS NON MÂCHOUILLÉS ET ACHÈVE DE MÂCHOUILLER LES CRAYONS À PEINE MÂCHOUILLÉS.

MCDLXXVIII
922523
III MC
3672
Mala pituita nasi
276
·fugit ireparabile tempus·

Bref, l'Histoire de la dégradation, d'après moi, c'est la matière la plus inutile au monde. Bien sûr que je crois que les anciens lutins entropiques ont fait du mieux qu'ils ont pu. Mais je pense que la période qui compte vraiment pour le vieillissement et l'usure, en fait, c'est maintenant ! Regardez un peu chez vous, comme les choses et les machines se détériorent hyper vite. Les machines à laver, frigos, télés, voitures, même vos jouets, jamais dans l'Histoire rien ne s'est détérioré aussi vite. Là où ça se voit le mieux, c'est sur les téléphones portables et les ordinateurs. En général, il ne faut même pas un an avant d'être obligé d'en racheter. C'est tout simplement génial !

S'il y a quelque chose de vraiment top, à l'école, c'est le laboratoire des nouvelles technologies entropiques. Ce qui est dommage, c'est qu'il faut attendre la cinquième année pour pouvoir y aller, mais une fois nous sommes allés le visiter avec la classe et, franchement, j'ai adoré ! C'est de là que viennent les inventions déjà considérées comme des classiques de nos jours : l'antiglue instantanée ou bien le grippe-fermeture-éclair.
On y travaille à l'érosion des nanofibres, l'opacité des fibres optiques, et ils ont même un ralentisseur de particules !
Une grande partie du laboratoire est consacrée aux technologies de désagrégation du plastique. Ça, pour l'instant, malheureusement ça ne marche pas très bien. Même les meilleurs de nos agents corrosifs sont incapables de désintégrer une bouteille en plastique en moins de cinquante ans.

Mais moi ce qui m'intéresse le plus, c'est le département d'informatique, où on travaille sur les virus, les bugs et les erreurs de programmation.
Une fois, ils m'ont laissé écrire sur le dernier modèle de clavier tactile et je peux vous dire que ça n'a jamais été aussi facile pour moi de faire des fautes de frappe. Les livres modifiés à la main par mon père ne leur arrivent pas à la cheville !

UNIVERS VERSION 1.0

CE CÔTÉ VERS LE HAUT. GARDEZ DROIT. FRAGILE. À CONSOMMER AVANT LA DATE INDIQUÉE SUR L'EMBALLAGE.

BUREAU DES PROJETS D'ÉRAFLURES EN SÉRIE

APERÇU D'UN LIEU DE TRAVAIL TYPIQUE DU DÉPARTEMENT DE DÉGRADATION DES SURFACES NEUVES. « L'ÉRAFLURE ALLIE EN ELLE LA BEAUTÉ, LE NATUREL D'UNE TRACE DE GRIFFE DE TIGRE ET LA TECHNOLOGIE LA PLUS AVANCÉE DE NOTRE ÉPOQUE. À CHAQUE FOIS QUE JE VOIS UNE ÉRAFLURE PARFAITEMENT RÉUSSIE, JE NE PEUX M'EMPÊCHER DE ME GRATTER LA TÊTE EN ME DEMANDANT : COMMENT ONT-ILS PU FAIRE ÇA AUSSI BIEN ? »

VALÉRIE ÉRAILLE

POÉTESSE ET AMOUREUSE DE LA VIE

Évidemment, mon père n'aime pas du tout le laboratoire. Il dit que les nouvelles technologies vont voler le travail des Entropiques, parce qu'elles accélèrent beaucoup trop les processus de désagrégation et les rendent trop faciles. Et quand je lui ai parlé du chronoscaphandre, il s'est mis dans une colère pas possible. Il s'agit d'un scaphandre qui permet à la personne qui se trouve dedans d'être totalement hors de l'influence de la Dent du Temps. Son inventrice, l'ingénieure Trotteuse, nous a dit que celui qui met le scaphandre peut maîtriser le temps grâce à un temporégulateur ou quelque chose comme ça.

Le problème, c'est que Trotteuse et son équipe du département d'écoulement temporel développent le scaphandre depuis hyper longtemps et il n'est pas encore abouti ni approuvé. En plus, personne ne comprend vraiment à quoi il pourrait servir. Mon père dit que c'est contre-nature, et que, de mémoire de lutin, les Entropiques ont toujours travaillé avec la Dent du Temps, il dit aussi qu'on ne devrait pas aller fouiner dans ces choses-là. L'ingénieure Trotteuse a même été nominée au Quedalle de cristal pour son scaphandre, mais, au final, c'est l'oncle Munster, le tonton de Graillon, qui l'a obtenu pour son travail au dépotoir. C'était chouette, d'ailleurs, parce que ça m'a permis d'assister à la cérémonie de remise du Quedalle de cristal.

7. Le Q

de cr

LES TROPHÉES DE BARNABOUSE

1. CHAMPION DE TROT ENCROTTÉ 100 MÈTRES.
2. CHAMPION DE TROT ENCROTTÉ 200 M².
3. CHAMPION DE TROT ENCROTTÉ SUR NAPPE.

La remise officielle du Prix de la dégradation, autrement dit du Quedalle de cristal, a lieu tous les ans lors d'un grand gala. Seulement mes parents ne veulent pas y aller parce que ça leur paraît très snob et ils se contentent de la regarder à la télé. Heureusement, cette année-là, j'ai pu m'inscruter car, Graillon avait reçu des entrées gratuites par son oncle Munster.

Il est sympa, son oncle, il travaille au dépotoir et ne se sépare jamais de son bousier primé, Barnabouse, qu'il a gagné aux cartes, il paraît. Il l'a dressé à tracter un chariot pour transporter les épluchures. Ce… euh… bousier n'est pas n'importe quel bousier, mes garçons, c'est Barnabouse ! Il est… euh… triple champion de trot encrotté ! » Il nous dit tout le temps ça.

Sauf que, cette fois-là, l'oncle Munster ne disait rien, parce qu'il était super stressé à cause de sa nomination au Quedalle pour récompenser l'ensemble de son œuvre. Quand on l'a salué, avec Graillon, il n'a même pas fait attention à nous, il n'arrêtait pas de caresser nerveusement les antennes de Barnabouse d'un air absent.

EGO
3

OLD PIPE
SAFETY MATCH
FOTO
TV

Ça ne m'a pas embêté. De toute façon, à la remise du Quedalle, il y a tellement à voir. Tous ceux qui sont importants dans la dégradation, l'usure et le délabrement s'y retrouvent à chaque fois.
Ils se donnent des tapes sur l'épaule, mangent des petits fours desséchés, boivent du vin aigre et font de longs discours.

La famille Graillon avait une table réservée près du podium, alors j'avais une vue parfaite. Juste à côté de nous, il y avait des Entropiques spécialisés dans le textile. Des gros frimeurs, vraiment ! Ils n'y vont pas de main morte.
C'est un étalage de manches de vestes usées aux coudes et de boutons qui pendouillent aux chemises. Pas très loin de moi, il y avait madame Aileron-Dudos : très célèbre pour son art, elle décolle si bien les semelles de chaussures qu'on dirait des gueules de monstres. Elle était partie dans des explications passionnées sur les différents types de craquèlements de semelles.

Derrière nous, il y avait des briseurs d'allumettes, des salisseurs de lunettes, quelques splendides lutins verts qui travaillent dans le médicament périmé et, au milieu de la salle, j'ai remarqué un groupe de retombeurs de mousse de bière qui dormaient presque tous, la tête posée sur leur table. Bref, c'était bondé et tout le monde attendait avec impatience que la cérémonie commence !

LE QUEDALLE DE CRISTAL

« HEIN ? QUOI ?! J'AI GAGNÉ ? »
AMÉDÉE S. CRISPET, LAURÉAT HISTORIQUE DU PREMIER QUEDALLE POUR SON ŒUVRE DE RUGOSITÉ.

Avant la remise du prix, un groupe d'élèves de dernière année de l'E.E.D. a fait une performance avec un lave-vaisselle. Ils ont d'abord apporté sur scène un lave-vaisselle tout neuf dans lequel ils ont mis des assiettes, des tasses et des verres, tout neufs aussi. Ensuite ils se sont précipités dessus et se sont mis à boucher le tuyau de vidange, rouiller les buses de pulvérisation, puis à le cabosser, à rayer et abîmer la vaisselle.
Il ne leur a pas fallu cinq minutes pour que le lave-vaisselle et la vaisselle aient l'air d'avoir été utilisés pendant six ans par une famille avec cinq enfants.

LE CHRONOSCAPHANDRE

INVENTION RÉVOLUTIONNAIRE (À L'ÉPOQUE, MALHEUREUSEMENT, SANS APPLICATION PRATIQUE) DE L'ÉTONNANTE INGÉNIEURE TROTTEUSE (À L'ÉPOQUE, MALHEUREUSEMENT, SANS QUEDALLE).

Graillon a trouvé ça génial parce qu'il est secrètement amoureux de Pêlepot qui est en cinquième année. Pendant la représentation, elle a fait des tours avec une poêle en inox toute rouillée. Mais bon, Pêlepot, c'est une sacrée dure à cuire et elle ne peut pas sentir tout ce qui est sucrerie, à commencer par le cacao. Alors c'est pas facile pour Graillon. Il est tombé dans un amour impossible. Quand le spectacle s'est fini, les serveurs ont apporté des boissons délicieusement puantes dans les verres fêlés qui restaient.
La remise du prix allait enfin pouvoir commencer.

Même si, évidemment, je soutenais l'oncle Munster avec toute la famille Graillon, j'avais réussi à repérer discrètement l'ingénieure Trotteuse qui était assise seule à une table du fond et qui attendait de voir si elle ne gagnerait pas tout de même le Quedalle pour son chronoscaphandre. Quand, ensuite, ils ont annoncé que le prix revenait à l'oncle Munster (ce que, d'ailleurs, je vous avais déjà dit), l'ingénieure Trotteuse est devenue toute rouge, puis toute violette et elle s'est levée. Pendant que l'oncle Munster, ému, serrait dans ses bras tous ceux de sa famille en leur tapant sur les épaules, et même moi, elle s'est élancée sur la scène en tenant à la main une sorte de petite valise.

Elle a hurlé dans le micro : « Écoutez-moi bien, tous ! »
Et tout le monde s'est tu, stupéfait.
Trotteuse a toussoté et a continué : « Que les choses soient bien claires ! Je n'ai pas trimé toute ma vie pour ne pas obtenir un Quedalle ! Si vous croyez qu'un minable en fin de course du dépotoir le mérite plus que moi, à votre guise ! Les génies de mon acabit sont destinés à demeurer incompris.
Mais je suis fermement décidée à vous faire une démonstration publique de mon chronoscaphandre ici et maintenant ! Je vais l'essayer moi-même ! »

Là-dessus, elle a sorti son invention de sa mystérieuse mallette et, avant que quiconque ait pu l'en empêcher dans cette assemblée éméchée, elle a enfilé son scaphandre et a braillé comme un illuminée : « Que je change définitivement le cours de l'Histoire ou que je meure ! » Puis elle a actionné un bouton de son scaphandre. Il y a eu un bourdonnement grave et après, plus rien. Le silence.

L'ingénieure Trotteuse a encore appuyé sur un bouton, mais cette fois, ça n'a même pas fait de bruit. Trotteuse a encore pressé quelque chose, puis elle s'est mise à cogner sur le scaphandre, à sautiller dedans en tapant du pied, en agitant les bras et en jurant. C'était plutôt cocasse. À la fin, elle a sauté de la scène d'un bond et a filé, accompagnée par les applaudissements et les sifflements du public enthousiaste. Elle est un peu bizarre, l'ingénieure Trotteuse.

L'oncle Munster l'a vite remplacée sur le podium, accompagné de Barnabouse. Il a sorti une liste interminable de tous les Entropiques qu'il voulait remercier pour son Quedalle et il s'est mis à parler, parler, parler… Je crois que je me suis endormi un moment, mais je me suis réveillé à temps pour l'entendre dire :

« Je… euh… vous remercie donc tous encore une fois, vraiment. La vie dans un dépotoir n'a pas toujours un parfum de nouveauté, euh… pour ainsi dire… je suis donc d'autant plus reconnaissant pour l'aide de tous ceux sans qui le dépotoir ne pourrait pas exister. Pour finir, je voudrais surtout remercier ma famille, qui est passée me prendre à l'heure au dépotoir et m'a permis de venir recevoir cette récompense, ce magnifique... euh... Quedalle. J'en suis très honoré et je souhaite à tous ceux dont le travail se décompose entre les mains au cours de leur vie d'en obtenir un aussi beau que le mien. Loués soient nos efforts incessants pour rendre le monde meilleur ! Vive l'usure ! Vive la dégradation ! Vivat Entropia ! Euh... Merci. » La remise du Quedalle, en bref, c'était grandiose. Mais la plus grande aventure de ma vie m'attendait encore.

INVENTIONS GÉNIALES DE L'INGÉNIEURE TROTTEUSE INJUSTEMENT RESTÉES SANS RÉCOMPENSES

N° 396 : COUVERTS DE TABLE SÉCURITÉ

N° 764B : CADRE DE VISÉE POUR POINT DE JONCTION DES LIGNES PARALLÈLES

N° 835 : TROU DE SERRURE TRANSPORTABLE

N°28 : BROSSE À DENTS POUR SIAMOIS

N° 5792 : RÉVEIL SANS AIGUILLES POUR PROLONGER LES BONS MOMENTS

N° 067 : PARAPLUIE AUTOPORTEUR

N° 980 : APPAREIL PHOTO D'ANGLE

N° 42 : PAPIER-TOILETTE INFINI

N° 64 : POUDRE D'ANTIMATIÈRE FORMAT FAMILIAL

8. Sortie à la pât

INCIDENT TRAGIQUE DU NOUNOURS EN GÉLATINE

LE PARACHUTÉ GRONIGO AYANT TENTÉ DE FAIRE FONDRE UN OURSON EN GÉLATINE S'EST RETROUVÉ PIÉGÉ DEDANS.
SUITE À CET INCIDENT, LA MÉTHODE CONSISTANT À LES FONDRE A ÉTÉ DÉFINITIVEMENT ABANDONNÉE POUR DES RAISONS DE SÉCURITÉ.

Le jour qui a entièrement changé ma vie a été annoncé par notre prof, madame Coulure, quand elle a dit que nous allions faire une sortie à la pâtisserie. Dans une vraie pâtisserie du monde des humains ! J'étais tellement impatient d'aller voir là-bas dehors. J'étais heureux d'aller admirer nos parachutés à l'action, mais j'étais aussi très curieux de découvrir les humains. Je me demandais à quel point ce que nous faisons pour eux, nous les lutins entropiques, leur plaisait. Est-ce qu'ils s'en rendent compte alors que nous sommes invisibles pour eux ? Est-ce qu'ils sont contents de voir les choses se détériorer autour d'eux ? J'avais plein de questions comme celles-ci et, bientôt, j'allais en connaître les réponses.

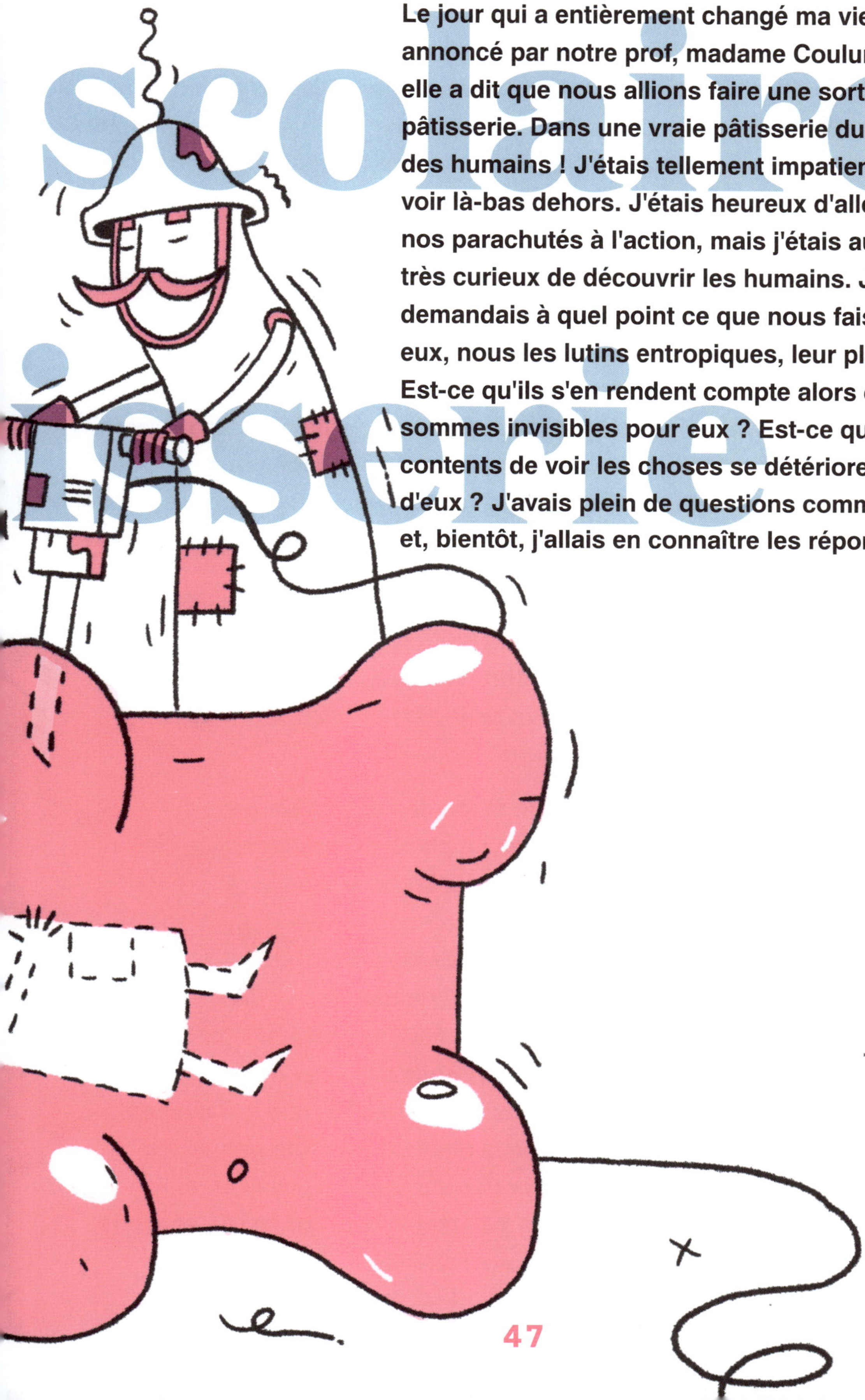

Graillon était surexcité dès le matin : une sortie dans un magasin de sucreries, c'était son rêve le plus doux qui se réalisait. Il m'a dit qu'il aimerait tellement qu'on le laisse au moins faire une croûte de lait sur une toute petite tasse de chocolat chaud. La prof a distribué à tout le monde des vrais téléporteurs de parachuté. Fendrouille et Miskine ont tout de suite appuyé sur le bouton qui se trouvait dessus et ils ont disparu avec un petit piou ! Alors, l'air furax, la professeure Coulure a sorti un grand émetteur radio et elle les a fait revenir tout de suite. Ils avaient eu le temps de voler une glace au chocolat dans la pâtisserie. Elle avait fondu en route, et ils en étaient tout recouverts, ça dégoulinait de partout. Ils ont affirmé qu'ils n'avaient pas fait exprès d'appuyer sur le bouton, mais la prof leur a confisqué quand même les téléporteurs et, au lieu de venir à la pâtisserie avec nous, ils ont dû rester en classe à faire des taches d'encre dans leurs cahiers.

Après, c'est allé très vite.
Nous avons enfilé nos sacs à dos à téléporteurs et, au signal de la prof, appuyé sur le bouton. Ça a fait un petit piou ! et tout d'un coup, on s'est retrouvés dans la pâtisserie.

C'était dingue ! On était tout en haut d'un rayon, il y avait plein de cupcakes, de roulés à la crème, de coupes de glace, des sucettes, des bonbons et tout un tas d'autres choses sur lesquelles travaillaient des parachutés spécialisés dans la nourriture. Des mouches et des moucherons volaient au-dessus de nos têtes, il y avait toutes sortes d'insectes qui rampaient partout et des fourmis aussi et, surtout, il y avait des humains gigantesques qui entraient dans la pâtisserie pour s'acheter des friandises qu'ils allaient emporter chez eux… J'en avais la tête qui tournait. Graillon avait les yeux qui lui sortaient de la tête et il n'arrêtait pas de me donner des coups de coude pour me montrer tout ce qu'il voyait en criant : « T'as vu ces truffes à côté des bonbons ? Et là, regarde comme ils vont vite, ces éclairs ! Ça c'est fort de cacao ! » et ainsi de suite.

Madame Coulure nous a rassemblés près des donuts recouverts de glaçage où des parachutés étaient justement en train de travailler dur pour extraire les vermicelles de sucre coloré décoratif.
« Les enfants, surtout restez bien près de moi ! »
Elle a crié parce qu'il y avait du bruit et de l'agitation dans la pâtisserie, rien à voir avec une bibliothèque, vraiment.

La prof a continué :
« Comme vous pouvez le voir, c'est immense ici et c'est aussi très dangereux. Les humains ne nous voient pas, ça ne veut pas dire qu'ils ne pourraient pas nous écraser par erreur ! »
Poucave a levé le doigt et a demandé si on allait pouvoir essayer de faire des choses, au moins des trous dans les roulés à la crème, mais la prof a secoué la tête. « Mais non, enfin, voyons, c'est beaucoup trop dangereux, les enfants ! Vous voyez bien que les humains vont et viennent sans cesse. Il suffirait d'un instant d'inattention pour que vous soyez emportés dans une boîte jusque chez eux. Nous allons sagement attendre l'insectologue, monsieur Despoux. Il va vous expliquer tout ce qu'on fait dans une pâtisserie, ne vous inquiétez pas. » Tout le monde était déçu et on a marmonné, parce que le plus barbant dans une sortie scolaire, c'est quand on doit rester sur place à écouter des discours ennuyeux.
Graillon m'a rebattu les oreilles comme quoi il était tellement content de faire des trucs avec du chocolat et que c'était vraiment pas juste et tout, mais je ne l'écoutais pas : après ce qu'avait dit la professeure Coulure, je commençais à avoir une idée en tête.
Vous allez voir ça...

21·30
TNT

Monsieur Despoux, l'insectologue, est arrivé avec une mouche apprivoisée qu'il tenait en laisse et il s'est mis à parler : « Salut, les enfants ! Vous êtes mon troisième groupe aujourd'hui, alors je serai bref. Toute bonne pâtisserie a, bien entendu, ses mouches. Mais pas seulement.
Dans notre insectarium pâtissier, nous élevons et dressons des mites, abeilles, guêpes, fourmis, araignées, blattes, perce-oreilles, psocoptères, lépismes et nous avons même des phasmes et des grylloblattidae. Ils nous aident tous à dessécher les gâteaux et les petits fours, à faire retomber les crèmes Chantilly, rancir les crèmes pâtissières et rassir les cakes.
En dernier lieu, ils aident aussi nos collègues encrasseurs pendant qu'ils travaillent sur les vitrines et les devantures. »

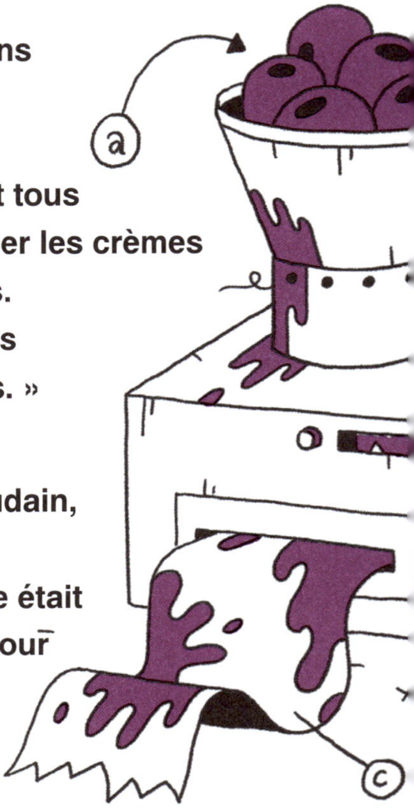

J'avais déjà bien du mal à me retenir de bâiller quand soudain, une petite fille a retenu mon attention.
Elle venait juste d'entrer avec sa mère. Enfin, je dis qu'elle était petite, mais vous, les humains, vous êtes gigantesques pour nous, lutins entropiques, même quand vous êtes petits.
Sa mère n'arrêtait pas de la gronder :
« Margot, ne touche pas ça ! Margot, fais attention à ne pas faire tomber ça ! Margot, reste ici ! » C'est comme ça que j'ai compris que cette petite fille s'appelait Margot.

Elle est venue tout près de l'étalage où je me trouvais avec ma classe alors j'ai pu l'observer de très près. Elle portait une horrible robe propre qu'elle avait quand même réussi à tacher avec sa glace qui coulait, ce qui lui a valu de se faire encore gronder par sa mère.

Je ne comprenais pas du tout pourquoi elle la grondait. Avec ces taches, au moins sa robe avait presque l'air d'être normale. Mais déjà on lui apportait une grande boîte et quand elle a été ouverte, j'ai vu qu'elle contenait un gâteau d'anniversaire pour ses six ans.
C'est à ce moment-là que j'ai eu l'idée !

« Eh, Graillon ! » Je me suis tourné vers lui. Il n'écoutait pas tellement l'exposé de Despoux non plus parce qu'il était occupé à regarder d'un air gourmand les biscuits au chocolat qui se trouvaient sur l'étalage juste au-dessus de nous.
« Je vais faire un petit saut quelque part, OK ? » Je lui ai désigné la boîte à gâteau ouverte, elle était juste en dessous de nous.
Comme la prof avait dit que les humains risquaient de nous emporter dans une boîte, ça me semblait être une idée plutôt bonne.
« Je vais jeter un œil chez les humains, pour voir comment ils vivent et puis je reviens vite à la Centrale après. J'ai un téléporteur, après tout ! Le plus important pour mon plan, c'est que madame Coulure ne remarque rien.

– Quoi ?! » a demandé Graillon. Il est un peu lent, parfois. Je lui montrai à nouveau la boîte, en dessous, et je lui expliquai patiemment : « Je vais sauter dans cette boîte de gâteau, là, et me laisser emmener chez les humains. Toi, tu vas me couvrir pour que Coulure ne s'en rende pas compte et ne me fasse pas revenir trop tôt comme elle l'a fait avec Fendrouille et Miskine.
Et puis quand j'aurai exploré, je me téléporterai pour revenir et personne ne se sera aperçu de rien. D'ac ?

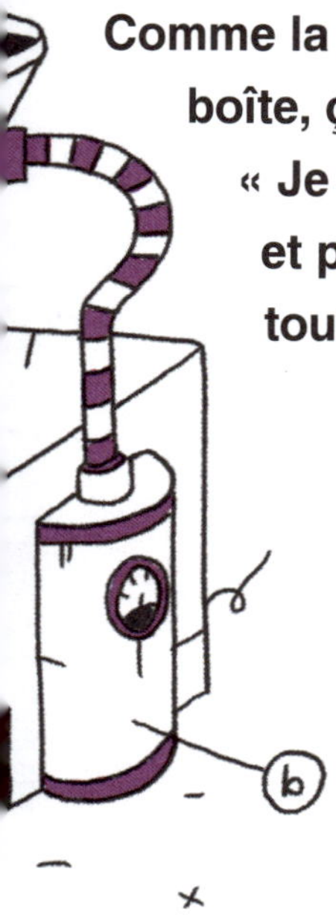

ÉCRASE-MYRTILLES
SEMI-AUTOMATIQUE

– Mais pourquoi ? C'est pas censé être dangereux ? Qu'est-ce que tu vas faire là-bas ? Je suis pas sûr que… s'est mis à bredouiller Graillon, mais je savais qu'il ne me restait pas beaucoup de temps.
– Mets-toi juste là, devant moi, qu'on me voit pas et fais comme si de rien n'était, s'il te plaît, sois un vrai pote ! »

Je me suis caché derrière Graillon qui s'efforçait d'avoir l'air de rien sans vraiment y arriver. Il était nerveux et n'arrêtait pas de se retourner pour me regarder. Heureusement, la professeure Coulure était absorbée par l'exposé sur les moucherons et elle n'a rien remarqué.

J'ai regardé en bas.
Je trouvais la boîte assez profonde, mais le gâteau était recouvert de crème alors il fallait que j'atterrisse sur le mou.
Sans attendre, j'ai pris mon élan et j'ai sauté.

C'était vraiment tout juste.
Au moment où je suis tombé en douceur dans la crème, juste à côté d'une rose en sucre, le couvercle de la boîte s'est refermé.
La dernière chose que j'ai vue, c'était l'air effaré de Graillon sur l'étal, tout là-haut.
Puis tout est devenu noir, et je me suis retrouvé embarqué vers la maison de Margot.

SAUPOUDREUSE DE SALETÉ DE TYPE « MIETTES », MODÈLE GÉANT À CHENILLES

9. L'anni d Ma

Je ne sais pas combien de fois vous avez eu la chance de voyager dans une boîte à gâteau, mais pour moi, cette fois-là, c'était la première.
Au début, j'ai eu un peu peur. Il faisait tout noir, la boîte bougeait sans cesse et j'entendais à l'extérieur plein de sons inconnus, ceux de l'immense ville des humains.
Dommage que je ne les aie entendus qu'un instant, à cause d'un grillon dressé qui s'est mis très vite au travail. Je me suis rappelé ce que l'entomologiste Despoux nous avait expliqué : les grillons étaient élevés dans une ferme à grillons spéciale qu'ils quittent pour être installés dans les boîtes à pâtisseries et, une fois chez les gens, ils filent se cacher sous un meuble ou sous le lit et stridulent sans arrêt.

J'ai donc écouté le grillon faire consciencieusement ses vocalises avec une grande admiration pour l'organisation et le sens du détail des parachutés. Parce que, vous le savez sûrement, les grillons sont omnivores, alors je me suis dit que le gâteau d'anniversaire de Margot n'allait pas arriver tout neuf et intact.
Les parachutés de la pâtisserie sont des as, y'a pas à dire !

Ensuite, j'ai pu observer un peu autour de moi grâce aux perforeurs qui avaient fait des petits trous ici et là dans le carton de la boîte, ça laissait passer un peu de lumière. J'ai escaladé le gâteau en glissant dans la crème de temps en temps.
C'était tellement marrant que j'ai regretté que Graillon ne soit pas là. Il se serait vraiment régalé avec ce gâteau !

J'ai décidé d'améliorer un peu le gâteau de Margot moi aussi, pour la remercier de m'accueillir chez elle. Évidemment, pour ce qui est de faire surir les crèmes, je ne suis pas un expert. Pour gâter les gélatines non plus. Heureusement, tout en haut du gâteau, j'ai découvert une immense inscription :

MARGOT

et j'ai un peu joué avec.

Nous étions enfin arrivés. J'ai senti qu'ils posaient la boîte et qu'ils l'ouvraient. Avant que j'aie pu regarder dehors, il y a eu un cri de femme : « Ah ! Au secours ! Une bestiole ! » ce qui a provoqué une grande agitation, parce que tous ces immenses gens qui étaient venus à l'anniversaire de Margot se sont mis à pourchasser ce pauvre petit grillon en criant des choses du genre :
« Un grillon ! Si on ne l'attrape pas, on ne va plus dormir de la nuit ! Charles, fais quelque chose ! Vite ! Il va filer sous le meuble ! », etc.
Les humains n'avaient pas du tout l'air content d'avoir un grillon chez eux. Ils ont fini par l'attraper, mais, à mon grand soulagement, ils ne lui ont pas fait de mal, ils l'ont seulement évacué par la fenêtre.

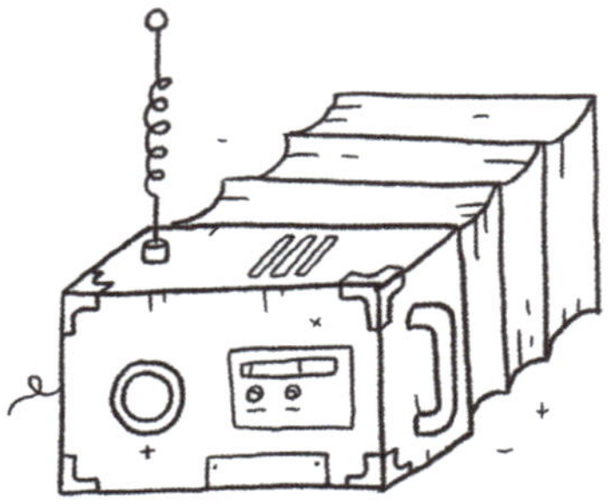

TÉLÉPORTEUR BILOCAL
À SOUFFLET

J'étais un peu estomaqué, je ne comprenais pas en quoi les grillons pouvaient embêter les humains.
En tout cas, j'ai profité de la confusion pour sortir de la boîte et grimper tout en haut de leur énorme frigo d'où j'avais une super vue d'ensemble. Je peux vous dire que je n'avais jamais vu une maison pareille. Le sol était lavé, les tapis dépoussiérés, les murs étaient parfaitement blancs et, sur la table, il y avait une nappe sans trou ni tache !
Et tout ça était tellement gigantesque que ça faisait peur.
Heureusement, j'ai tout de suite repéré nos parachutés, dans différents coins de l'appartement, prêts à passer à l'action avec leurs éclabousseurs, tacheurs, perforeurs et maculeurs. Juste en dessous de moi, il y avait un canon à poussière qui lançait régulièrement des petits tas de poussière derrière le frigo. Je devais faire bien attention à ce qu'aucun des parachutés ne me voie, autrement j'aurais vraiment eu des ennuis. Alors je me suis trouvé un mouton de poussière de taille moyenne pour me camoufler.

Le plus perturbant dans tout ça, c'était que, même si les lieux étaient pleins de parachutés qui travaillaient infatigablement à leur vieillissement, leur salissement et leur détérioration, les humains détruisaient sans arrêt tout le travail accompli. Surtout la maman de Margot. Elle était sans cesse en train de parcourir l'appartement pour dépoussiérer, laver, frotter et ranger.
Je n'y comprenais rien. Ma mère aurait tout de suite remis en place cette ordonnée.

ARRACHEUR DE VISSERIE
TIRE TOURNE !

Je l'entendais d'ici : « Qu'est-ce que c'est que cette propreté ?! Renversez-moi ça par terre immédiatement ! Mais qu'est-ce que c'est que ces assiettes et ces couverts tout propres ? Vous allez me faire le plaisir de déchirer au moins un peu cette nappe horriblement repassée ! » Ah ça, ma mère, elle sait y faire pour le désordre.

Mais c'est après que le pire est arrivé. Quand ils ont découvert ma magnifique inscription sur le gâteau :

MAGROT

Tout le monde s'est de nouveau mis à râler. Personne n'appréciait mon magistral mêle-lettres en chocolat, et Margot s'est même mise à pleurer.

J'étais sidéré. Margot n'aimait donc pas mon cadeau de remerciement ? Mais pourquoi ?! Ils ont fini par remettre les lettres dans l'ordre d'origine. Margot a soufflé ses six bougies et elle a commencé à déballer ses cadeaux. Je peux vous dire une bonne chose : c'était abominable ! Un ours en peluche tout neuf, même pas pelé. Un T-shirt propre aux couleurs vives, sans le moindre petit trou. Une tablette rose sans la moindre trace de doigt avec un écran absolument sans rayure. Je n'avais tout de même pas l'impression que Margot ait pu être assez désobéissante pour ne même pas mériter un bon vieux cadeau détérioré pour son anniversaire.
Ils auraient quand même pu lui offrir une corde à sauter usée ou au moins une pomme pourrie, franchement, non ? Mais non, rien de tout ça ! Je peux vous dire qu'un anniversaire aussi triste, je ne l'aurais même pas souhaité à Fendrouille et Miskine.

Mais peu après, la tablette a glissé des mains de Margot et elle est tombée par terre. J'ai vu nos experts en Craquelures Express accourir aussitôt et réussir à tracer sur l'écran de merveilleuses craquelures en forme d'araignée à vingt pattes. Mes aïeux, quelle rapidité, quelle efficacité ! J'aimerais tellement savoir m'y prendre aussi bien avec les écritures !

CANON À POUSSIÈRE

IL NE RATE JAMAIS SA CIBLE, S'IL ARRIVE QU'IL RATE SA CIBLE, CE N'EST PAS GRAVE DU TOUT. AU CONTRAIRE. C'EST POUR CETTE RAISON QUE LE MANIEMENT DU CANON EST PLUTÔT UNE ACTIVITÉ RÉCRÉATIVE CHEZ LES PARACHUTÉS.

J'attendais, avec une grande impatience, de savoir ce qu'en diraient Margot et ses parents. Et à votre avis ? Margot a recommencé à pleurer et, en plus, elle a reçu une tape de son père qui disait qu'elle cassait tout ce qu'elle touchait. Sa mère a ramassé la tablette en disant à son père qu'elle était encore petite pour ces choses-là et qu'il ne fallait pas lui crier dessus comme ça, là-dessus son père s'est encore plus fâché, comme quoi si leur fille était maladroite, c'était parce qu'elle tenait de sa mère, ce qui a fâché sa mère qui lui a répondu qu'elle le priait de bien vouloir ne pas tout le temps rejeter la faute sur elle. Le père a rétorqué en lui demandant si elle se rendait compte du prix que ça coûtait et il a ajouté que les tablettes, ça tombait pas du ciel.
Pendant tout ce temps-là, Margot pleurait en criant qu'elle voulait son cadeau…

EXPRESS CRAQUELEUR TÉLÉSCOPIQUE

« BRISE VITRE VITE ! » CRI DE RALLIEMENT TRADITIONNEL DE L'UNITÉ DES CRAQUELEURS.

C'est à ce moment-là que j'ai compris. Ça a été un grand choc pour moi et, au début, je ne pouvais même pas y croire. Mais plus j'assistais à ce malheureux incident qui se déroulait en bas, plus il apparaissait que c'était bien la vérité : les humains n'aiment pas du tout les lutins entropiques !

EMBERLIFICOTEUR DE CÂBLE D'ÉCOUTEURS

Vous pouvez me croire, c'était une révélation terrible.
Toute ma vie, je m'étais réjoui de savoir qu'un jour j'irai chez les humains, j'avais appris avec application à mélanger les lettres et à chambouler les phrases, je m'étais senti tellement impatient de partir pour ma première mission en tant que parachuté… Et à présent j'apprenais que mon travail ne serait pas apprécié par les humains ?! Que les humains sont contrariés par les objets usés, salis, en désordre et détériorés ? Que, sans aucun doute, ils préfèrent tout ce qui est beau, propre, ordonné et neuf ? Mais alors qu'est-ce que le professeur Rebique nous apprend à l'école ? Pourquoi mon père me répète sans cesse que mon travail offre au monde le désordre qui lui est nécessaire ? Et l'oncle de Graillon, qu'est-ce qu'il voulait dire à la remise du Quedalle quand il a déclamé sa louange à nos efforts incessants pour un monde meilleur ? Quel monde meilleur ?! Pour les humains, nous rendons le monde pire !

J'étais très perturbé, si bien que je ne faisais plus attention à mon camouflage de poussière et, tout d'un coup, un parachuté assez âgé m'a repéré.
« Eh bien voyons ! Qu'est-ce que c'est que nous avons là ? Un élève qui a perdu son groupe scolaire ? Où sont tes petits camarades ? Et ta prof, elle ne te surveille pas, hein ? », il s'est écrié et j'ai sursauté comme jamais. Il a continué en agitant sa moustache d'un air menaçant : « Tu n'as rien à faire ici tout seul ! Pourquoi tu te caches ? Tu as fait une bêtise ? Je dois te signaler à la centrale immédiatement ! » Mais la colère et la déception étaient montées en moi après tout ce que j'avais vu.

Je lui ai désigné Margot et ses parents en fulminant : « J'ai rien fait, moi ! C'est vous qui faites du mal aux humains, je vous signale ! » Le parachuté s'est figé de stupeur. J'ai continué, hors de moi : « C'est à ça qu'on sert, nous les Entropiques ? À les faire pleurer ? Qu'est-ce que ça peut bien apporter de bon, un travail pareil ? »

130%
1L
CHAMPAG
LOREM
BRUT
FUGIT IREPARABILE
750 ml e

Le parachuté a fait les gros yeux :
« Espèce de petit morveux ! La Grande Dent du Temps sait très bien ce qu'elle fait et en quoi la dégradation est utile !
– Mais ça ne fait que les rendre malheureux ! »
Je ne lâchais pas le morceau.
Le parachuté a fait un pas vers moi, et j'ai reculé instinctivement. « Écoute-moi bien, espèce de minus effronté : les humains ne le comprennent pas bien vite. Ils doivent vieillir pour commencer à comprendre. Et nous, nous les aidons à en prendre conscience. Depuis l'époque où Margot était dans son berceau et où je lui ai craquelé sa première tétine, je ne fais que l'habituer à l'idée que tout autour d'elle vieillit et s'use. »
Je criais encore : « Mais pourquoi ?
– Parce que c'est ainsi que ce doit être et que la Grande Dent du Temps sait très bien ce qu'elle fait ! » Il répétait sa formule de sagesse toute faite comme un robot et, tout d'un coup, je me suis senti immensément désappointé. C'était donc ça, être un parachuté ? Faire du tort aux humains et répéter en boucle que la Grande Dent du Temps sait très bien ce qu'elle fait ? Alors, merci bien, ce sera sans moi ! Je me suis mis à hurler, furieux : « La Grande Dent du Temps n'existe pas ! C'est du grand n'importe quoi ! »

Le parachuté m'a lancé un regard très noir. Au même instant j'ai entendu un piou ! et je me suis retrouvé dans le bureau du directeur, devant monsieur Rebique et madame Coulure qui tenait la grande radiocommande du téléporteur.

10. Cr
châti

me et ment

J'étais dans un beau pétrin ! Dans le bureau, il n'y avait pas seulement le monsieur Rebique et madame Coulure, mais aussi au moins la moitié du conseil de discipline, Faubert le concierge de l'école et, surtout, ramassé dans un coin avec un air coupable, nul autre que Graillon ! Oui, Graillon. Le Graillon à qui j'avais demandé de me couvrir et de garder le secret sur ma petite expédition. Je voyais rouge, croyez-moi ! Là, il avait carrément exagéré. Un vrai copain, ça sait tenir ses promesses. C'est pas possible autrement ! Franchement, ça se fait trop pas !

« Élève Toupy ! a tonné le professeur Rebique.
– Typo, l'a corrigé Coulure.
– Typo, s'est repris Rebique, vous vous êtes rendu coupable d'avoir transgressé non seulement le règlement de l'école, mais aussi la loi la plus fondamentale et universelle des Entropiques ! Vous vous êtes déplacé seul et sans surveillance dans le monde des humains alors que vous n'êtes qu'un élève de deuxième année de l'E.E.D.
– Troisième, l'a repris Coulure.
– Troisième, a corrigé Rebique, agacé.
– Que pouvez-vous me dire pour votre défense avant que je vous mette à la porte ? »
J'étais encore hors de moi à cause de ce que j'avais vu chez Margot. J'ai regardé Rebique droit dans les yeux et je lui ai dit : « Ça m'est égal ! Renvoyez-moi si ça vous chante ! Je ne veux plus ruiner la vie des humains ! »

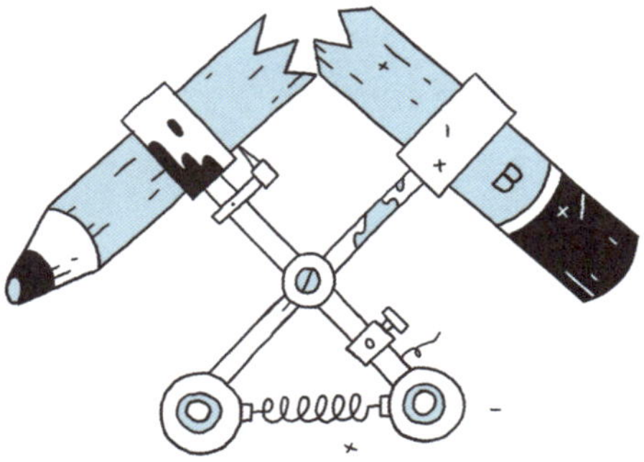

BRISE-CRAYON À RESSORT

Mes mots ont été suivis d'un tel silence surpris qu'on pouvait entendre les larmes de Graillon tomber l'une après l'autre. « Mais qu'est-ce que tu racontes, mon petit Typo ? » a dit madame Coulure d'un air effaré. Alors j'ai continué d'un ton véhément : « J'ai vu la petite Margot qui pleurait à chaque fois que nos parachutés lui cassaient quelque chose. Ça ne lui faisait vraiment pas plaisir, bien au contraire. Et en plus, ses parents se disputaient à cause de ça ! Même mon super beau méli-mélo de lettres sur son gâteau ne lui a causé aucune joie ! Alors, dites-moi un peu pourquoi vous nous apprenez tout ça, puisque dans le monde des humains nous ne causons que tristesse ? »
Tous les enseignants se sont regardés, stupéfaits. Graillon m'a regardé avec des yeux ronds comme des soucoupes et le professeur Rebique s'est gratté le menton. « Eh bien, mon garçon, la Grande Dent du Temps sait parfaitement ce qu'elle fait et en quoi la dégradation est importante.
– La Grande Dent du Temps, c'est du pipeau ! »

J'avais gagné le gros lot. Ils ne m'ont pas mis à la porte tout de suite, ils m'ont gardé dans le bureau pendant près d'une heure pour me faire la morale, des remontrances et la leçon sur la Grande Dent du Temps. Ce traître de Graillon, pendant tout ce temps, essayait de me faire signe, mais je ne voulais plus lui parler, jamais de la vie. À la fin, le professeur Rebique a dit :
« Envoyez l'élève Toupy s'occuper des mites et des noctuelles dans une ferme à pourritaches ! Il va apprendre un peu, ce que c'est que la dégradation ! »
Coulure a, bien évidemment, mentionné encore une fois que je m'appelais Typo et puis elle a appelé mes parents.

Quand ma mère a appris que j'étais parti dans le monde des humains sans autorisation, elle a failli avoir une attaque. Mon père s'est fâché et s'est immédiatement déclaré d'accord avec la sanction de Rebique. Il a dit qu'à la ferme, j'allais voir ce que c'était que le vrai travail et que ça me ferait passer mes idées stupides.

J'étais désolé d'avoir fait de la peine à ma mère, mais en même temps, je bouillonnais de rage contre tout le monde. Contre Graillon qui m'avait dénoncé, contre Rebique qui m'avait envoyé garder les mites, contre mes parents qui ne m'avaient jamais dit la vérité sur le monde des humains et puis contre toute l'école et tous les lutins entropiques ! Je ne voulais plus jamais emmêler les lettres, je ne supportais plus ces stupides parachutés et enseignants, je haïssais la dégradation. Tout ce que j'avais en tête, c'était qu'un jour je devrais faire cesser tout ça pour toujours. Pour Margot. Pour tous les humains. Et aussi pour moi. Je trouverai la Grande Dent du Temps et je la détruirai. Ou alors je leur prouverai qu'elle n'existe pas et que tout ce que nous faisons n'a aucun sens. J'allais leur montrer, à tous !

Le problème, c'était les mites et les noctuelles. Si vous vous imaginez que le travail à la ferme c'est de la rigolade ou, au contraire, d'un ennui à bâiller, dans un cas comme dans l'autre vous êtes complètement à côté. Les petites noctuelles sont les animaux les plus obstinés que je connaisse et, quand elles ont une idée en tête, même un troupeau d'acariens ne pourrait pas les faire changer d'avis. Les maintenir en place et les surveiller pour qu'elles ne paissent que là où elles sont censées le faire, c'était vraiment une corvée. Et quand elles ont enfin été envoyées dans les jardins et les serres des humains, on m'a confié tout de suite les larves de mites textiles à garder. Elles sont tellement voraces que je passais mon temps à remplir leur armoire. En une demi-journée, elles avaient dévoré un manteau entier. Vous vous rendez sûrement compte de la corvée que c'était pour moi de traîner un nouveau manteau à la ferme, même avec deux attelages d'escargots.

SEAU DE TACHES

Et puis une fois que les mites ont été placées dans les habitations des humains, les œufs des nouvelles noctuelles ont aussitôt éclos.

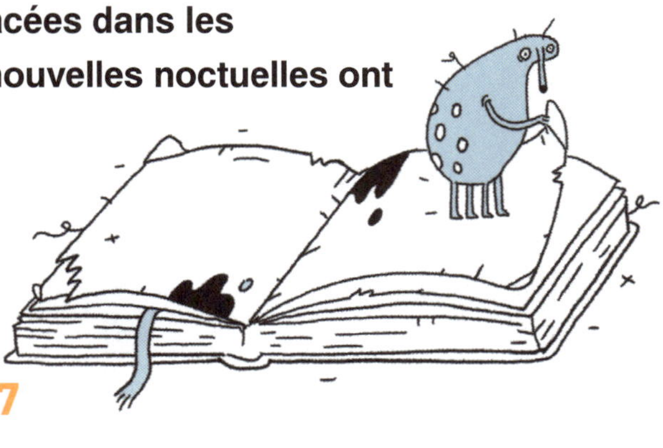

CORNEPAGES

IL S'AGIT, AVEC LE RAT DE BIBLIOTHÈQUE, DU PLUS CÉLÈBRE REPRÉSENTANT DE LA FAMILLE DES GÂTEPAPIERS (VANDALIBRIS).

B2

Graillon est venu me voir quelques fois, il proposait de m'aider et je refusais à chaque fois. J'étais fâché à mort contre lui, je ne voulais même pas lui parler. Il m'a soutenu qu'il avait parlé de ce que j'avais fait à Coulure uniquement parce qu'il s'inquiétait pour moi. Mais je ne le croyais pas. Pour moi, c'était un sale fichu enchocolaté de cafeteur et je ne lui parlais plus !

Alors, au bout d'un moment, il a cessé de venir me voir et je me suis retrouvé complètement seul à la ferme. Il faut dire que tous les fermiers autour de moi travaillaient dur toute la journée et étaient aussi occupés que moi, si bien que personne n'avait le moindre instant pour discuter ou s'amuser. Évidemment, je pensais toujours à la Dent du Temps, mais je n'avais pas la moindre idée de comment la chercher.

De façon surprenante, le seul Entropique avec lequel il m'arrivait d'échanger parfois quelques mots était Munster, l'oncle de Graillon. Il livrait chaque jour des épluchures du dépotoir avec Barnabouse et me demandait à chaque fois de surveiller son chariot pendant qu'il allait faire les formalités administratives et le contrôle de qualité des épluchures.
Je n'avais rien contre, parce que quand on surveille déjà une centaine de noctuelles à la fois, un chariot en plus, ça ne change rien. Et puis, pour me remercier, il me rapportait du dépotoir des tapis, des manteaux et des pulls pour les mites, si bien que nous avons sympathisé.

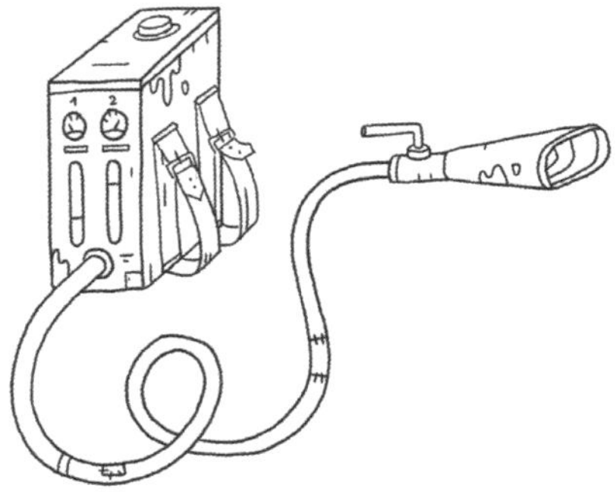

PULVÉRISATEUR À POUSSIÈRE
MODÈLE AGRICOLE
TRANSPORTABLE

Et je me suis aperçu que, pour un bousier, Barnabouse était un animal étonnamment intelligent. Quand il était bien luné, il était capable de m'aider efficacement à rassembler les noctuelles. Moi, en échange, je lui passais en cachette de la crotte de chien du stock destiné à souiller les trottoirs, alors il était content et il se mettait tout de suite à en faire des pelotes.

ASSORTIMENT DU STOCK DES SOUILLEURS DE TROTTOIRS

A. CROTTE ALPESTRE (TAS À SOMMET POINTU)

B. CROTTE AÉRODYNAMIQUE (FUSEAU)

C. CROTTE CUBIQUE (SUSUCRE)

D. CROTTE FLAMMIFORME (CORNETTE)

E. CROTTE MIETTES (CROTTINETTES)

F. CROTTE MAXIMUS SUPERBUS (FÉTIDE)

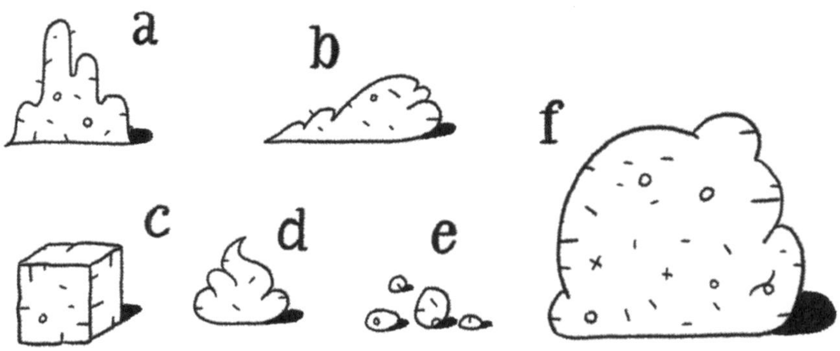

Un jour que j'avais enfin un instant pour souffler parce que les larves de mites venaient juste de se mettre à attaquer un gros pull de laine, je me suis mis à poser des questions sur Barnabouse à l'oncle Munster : si c'était vrai ce qu'on disait, qu'il l'avait gagné aux cartes et tout ça...

L'oncle s'est gratté les croûtes derrière la tête et a dit :
« Euh... bien sûr que c'est vrai, Typo. C'était une fois où on jouait à la belote avec les gars du dépotoir, euh... comme d'habitude. Un drôle de lutin est venu se joindre à nous. Il ne ressemblait pas à un Entropique, il faisait une tête de moins, il avait un grand nez et... euh... il était tout jaune. Je ne l'avais jamais vu avant et je ne l'ai jamais revu. Il a dit qu'il avait atterri là emporté par le simoun, c'est un vent du désert égyptien, et qu'en attendant, euh... que le vent retourne, il trouverait le temps moins long s'il jouait avec nous.

Il était assez fort au jeu, mais tu te doutes bien que contre le vieux Munster, il n'avait pas une chance. Je lui ai tout pris, j'ai tout gagné, même son... euh... copain Barnabouse ici présent. Au début, quand il me l'a proposé, je ne voulais même pas en entendre parler, je lui ai dit que je, euh... ne prenais pas les insectes comme enjeu, mais sans que je m'y attende, le vent s'est levé et le lutin avait, euh... disparu. Il m'est resté Barnabouse. Je ne regrette pas du tout. C'est l'insecte le plus doué du monde et on, euh... s'amuse bien tous les deux. Pas vrai, Barnabouse ? »

L'oncle Munster a flatté les élytres de Barnabouse qui a remué ses antennes. Puis il s'est penché vers moi pour ajouter en chuchotant presque :
« Tu, euh… savais qu'en Égypte, les bousiers étaient des animaux, euh… sacrés ? Et qu'on en faisait des amulettes ?
– Sacrés ? Comment ça ? » Je ne comprenais pas.
« Pour les Égyptiens, ils symbolisent la vie éternelle. Il paraît que certains lutins du désert croient que la Dent du Temps n'a aucun pouvoir sur les bousiers ! Parce que, quand ils… euh… meurent, ils sont capables de renaître ou, euh… quelque chose comme ça. Il paraît. Peu importe. Pour moi, Barnabouse est un bon compagnon et, euh… le plus important, c'est qu'on gagne ensemble le prochain championnat de trot encrotté…
pas vrai, Barnabouse ? »

Sur ces mots l'oncle Munster et Barnabouse se sont levés et sont partis. J'aurais juré que quand Munster a mentionné la Dent du Temps, Barnabouse avait cessé un bref instant de s'occuper de sa pelote, avait tourné ses antennes vers nous et m'avait lancé un coup d'œil ! Un petit coup d'œil vraiment discret.
Mais je l'avais remarqué et j'ai compris à ce moment-là que si quelqu'un pouvait me conduire à la Dent du Temps, alors ça ne pouvait être que Barnabouse le bousier !

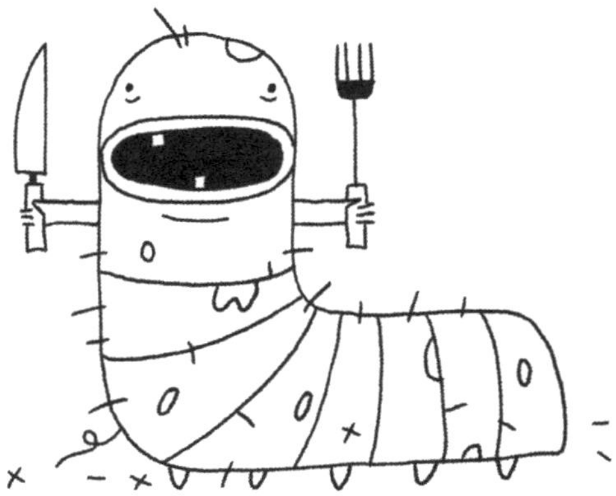

« CETTE ANNÉE, LA MODE VINTAGE SERA UN INCONTOURNABLE DES REPAS ! »

ALAIN TRAMÉCHAINE CONSEILLER EN NUTRITION DES LARVES DE MITES TEXTILES.

11. Le

désert

C'est à ce moment que j'ai décidé de voler Barnabouse à l'oncle Munster. Oui, je sais que ce n'est vraiment pas bien. Je suis navré d'en être arrivé là, vous pouvez me croire. Mais, premièrement, je savais, avec certitude, que si l'oncle Munster avait su ce que je voulais faire, il ne m'aurait jamais prêté Barnabouse et, deuxièmement, j'avais l'intention de le lui ramener juste après avoir détruit la Dent du Temps. Vraiment. Sitôt que j'aurai arrêté l'usure et le vieillissement, je raccompagnerai Barnabouse bien gentiment. C'est exactement ce que je m'étais dit et je me suis mis à l'action sans attendre.

Quand ils sont revenus livrer des épluchures, j'ai attendu que l'oncle aille au bureau des entrées et je me suis tout simplement approché de Barnabouse en lui disant : « Écoute-moi, Barnabouse ! Je sais que tu comprends ce que je dis. J'ai bien vu que ça t'avait interpelé quand j'ai parlé de la Dent du Temps. Alors si tu as la moindre idée de l'endroit où elle se trouve, conduis-moi jusqu'à elle maintenant, je t'en prie ! »

Barnabouse n'a pas bronché, il a juste continué à rouler ses pelotes ici et là. Ce jour-là, il ne m'a même pas aidé avec les noctuelles. Je me suis demandé si je l'avais fâché ou vexé. Alors le lendemain, j'ai tenté de nouveau en lui apportant des morceaux de choix du stock de crottes de chien et je lui ai dit : « C'est vraiment très important pour moi de savoir en quoi le vieillissement est nécessaire. Nul autre que la Dent du Temps ne peut répondre à ça et nul autre que toi ne peut m'y conduire. Est-ce que tu ferais ça pour moi, Barnabouse ? » Il a pris mes cadeaux, mais il n'a rien fait d'autre. J'étais déçu, mais j'étais aussi décidé à essayer encore une fois, la dernière, et cette fois j'ai rempli son chariot à ras bords. Tandis qu'il se ruait avec enthousiasme sur le tas de crotte pour commencer à rouler d'énormes pelotes, je lui parlai : « Allez, Barnabouse, tu sais bien ce que je veux. Sois un pote ! S'il te plaît… »

0020-2-35-67-32-00

Pendant un moment, il semblait bien que Barnabouse n'en ferait rien et je commençais à me faire à l'idée qu'il ne me montrerait tout simplement pas le chemin de la Dent du Temps. Et puis, soudain, il s'est appuyé contre l'une de ses pelotes, s'est tourné vers moi, a remué ses antennes et cligné des yeux. J'ai compris qu'il se préparait à partir et que je devais le suivre.
Mon cœur s'est emballé. Barnabouse allait enfin me conduire vers la Dent du Temps ! Enfin j'allais connaître la cause de toute dégradation et peut-être même réussir à l'arrêter à tout jamais ! Déjà Barnabouse avait fait un grand bond et s'était mis au trot.

Eh ben, il était pressé tout d'un coup ! Je peux vous confirmer que ce bousier avait bel et bien mérité ses trois titres de champion de course. Arriver à suivre sa cadence me demandait de plus en plus d'efforts. Je lui lançai, à bout de souffle : « Eh, Barnabouse, attends ! » Mais il continuait à trotter comme s'il était en pleine compétition, comme s'il voulait distancer tout le monde et tout ce qu'il y avait au monde, peut-être même le temps lui-même.

Pendant que je courais derrière lui, les yeux fixés sur sa pelote qui tournait à toute vitesse, j'ai eu l'impression que le monde autour de nous s'était mis lui aussi à tourner à toute vitesse, à se dissiper, s'effacer et puis réapparaître avec des formes et des couleurs étranges.
Nous avions bien évidemment laissé depuis longtemps la ferme à pourritaches loin derrière nous et j'étais vraiment très content d'avoir abandonné ma besogne et ces stupides noctuelles à quelqu'un d'autre.

Plus nous courions, plus je me sentais libre. Je n'avais plus le moindre mal à suivre le rythme de Barnabouse, bien au contraire, notre course m'apportait de la joie et un énorme soulagement. Je sentais le vent qui filait autour de nous et nous apportait des senteurs de fleurs, d'arbres, de fruits exotiques, mais aussi des effluves de moisissures. Les odeurs douceâtres de la forêt alternaient avec celles de la poussière du chemin, à un moment j'ai senti les parfums salés de la mer et des poissons. C'était comme si ce n'était pas nous qui courions, mais le monde qui tournait à toute vitesse sous nos pieds. Je faisais des bonds en m'écriant joyeusement :
« Plus vite, Barnabouse ! S'il te plaît, encore plus viiiiite ! »

Et puis brusquement, Barnabouse a ralenti jusqu'à s'arrêter complètement.
Pendant que je reprenais haleine, je me suis aperçu que nous étions au beau milieu d'un immense désert.
Le soleil était brûlant et des dunes de sables s'étendaient à perte de vue.

L'idée me vint que Barnabouse avait peut-être trotté avec moi jusqu'à retourner en Égypte. « Où est-ce que tu nous as emmenés, Barnabouse ? Ton pays te manquait, c'est ça ? » Je me tournais vers lui, mais il s'était appuyé contre sa pelote et semblait dormir.

« Ton scarabée est, semble-t-il, fatigué », s'est élevée une drôle de petite voix crissante. J'ai regardé tout autour de moi, mais je ne voyais personne.
Tout autour de moi il n'y avait que le sable et l'air chaud.
Mais la voix s'est de nouveau fait entendre :
« Prends ton temps. Calme ton regard et tes yeux me trouveront. »

Alors je l'ai vu… C'était un petit lutin au nez long que je n'avais pas remarqué au début parce qu'il était jaune comme le sable.
Je me suis dit qu'il ressemblait énormément à ce lutin dont m'avait parlé l'oncle Munster. Il était assis pas très loin de moi.
Le plus étrange en lui, c'est qu'il n'avait pas l'air assis par terre, il avait plutôt l'air de flotter un tout petit peu au-dessus du sable, sur l'air chaud qui ondulait.
Ce n'est qu'en m'approchant un peu plus que je me suis aperçu qu'il était assis en équilibre sur un grain de sable. Ses yeux étaient fermés à cause du soleil vif, pourtant j'avais l'impression qu'il m'observait avec insistance.

VUE EN COUPE D'UNE PELOTE DE BOUSIER

A. CROÛTE

B. MANTEAU

C. NOYAU EXTERNE

D. CŒUR DU PROBLÈME

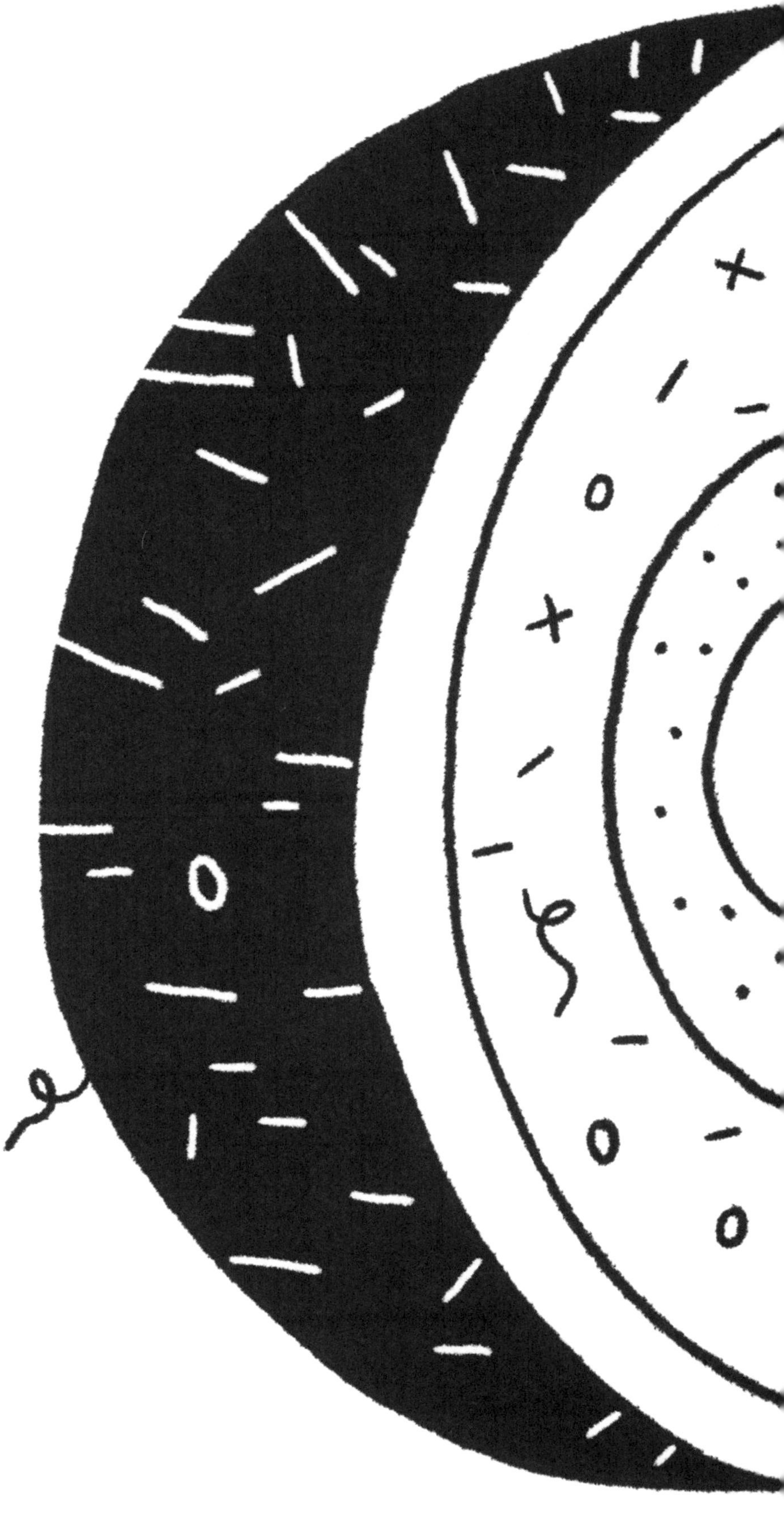

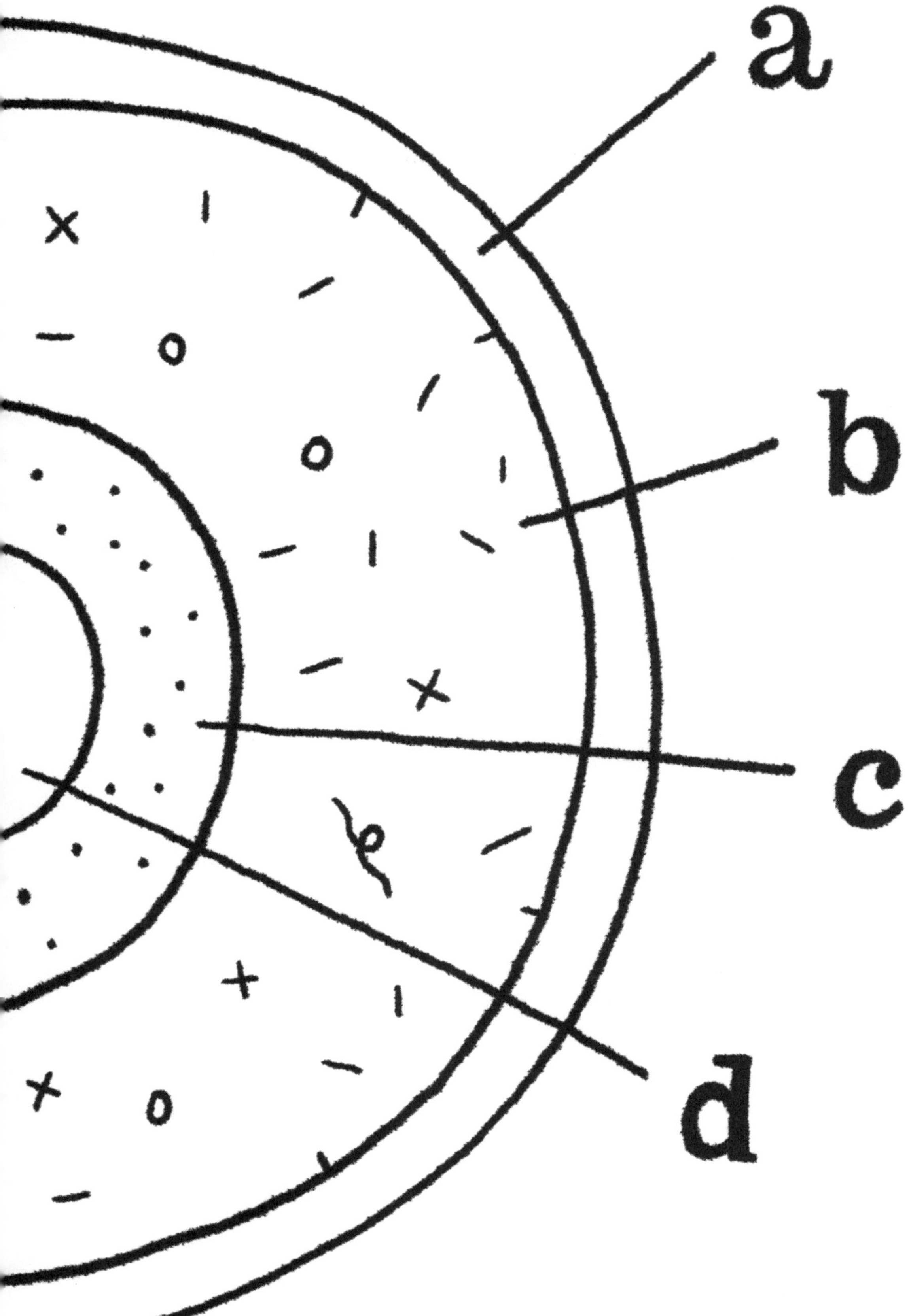
a
b
c
d

Je nous ai présenté : « Bonjour, je m'appelle Typo et mon bousier s'appelle Barnabouse. »
Le lutin a entrouvert un œil qu'il a aussitôt refermé. Je ne savais pas quoi faire, comme j'étais nerveux j'ai continué à parler : « Nous sommes à la recherche de la Grande Dent du Temps, vous ne sauriez pas, par hasard, où on peut la trouver ? Enfin, si elle existe… »

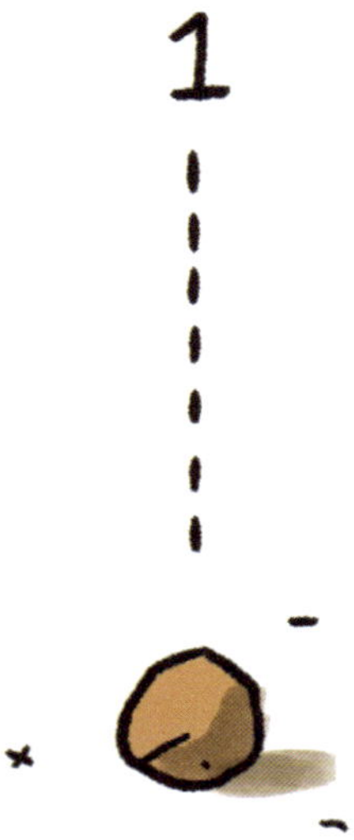

Le lutin a encore entrouvert un œil et puis il a ouvert les deux et a souri : « La Grande Dent du Temps ? Alors tu es au bon endroit ! On dit que celui qui peut compter tous les grains de sable du désert peut la trouver. » Je regardais autour de moi, terrifié : « Tous les grains de sable du désert ? Ce n'est pas possible, il y en a trop !

– Et pourtant nous les connaissons tous, ici, a croassé le lutin. Nous nous souvenons encore de l'époque où c'était de la roche. Pendant des millions d'années, nous l'avons émiettée, nous l'avons désagrégée, morcelée en cailloux toujours plus petits et nous avons réduit les cailloux en grains, puis les grains en poussière.
– Vous ? Comment ça vous ? Je ne vois personne d'autre ici », ai je dit, surpris.

Le lutin n'a rien répondu, il s'est contenté de sourire.
Je me suis frotté les yeux et j'ai regardé de nouveau.
Peu à peu je me suis aperçu que ce lutin n'était vraiment pas seul dans le désert. Bien au contraire. Partout où je regardais, il y avait des dizaines, des centaines, des milliers de lutins similaires ! Ils étaient tous jaunes comme le sable du désert et ils tournoyaient, se balançaient, ondulaient, virevoltaient, tourbillonnaient. J'en avais le vertige et j'ai dû fermer les yeux moi aussi.
Le lutin crissant s'est remis à parler :
« Nous travaillons ici à l'usure du désert depuis la nuit des temps.

Jour après jour, grain après grain. C'est pourquoi nous savons bien que tu ne pourras jamais compter les grains de sable du désert. Ils ne cessent de changer, de se séparer et de se rassembler. Ce n'est que lorsque tu t'arrêteras toi-même que tu pourras voir comment le désert et le sable bougent et se réorganisent sans cesse.
– Mais alors, ça veut dire que jamais personne ne pourra trouver la Dent du Temps ! », me suis-je écrié au désespoir.

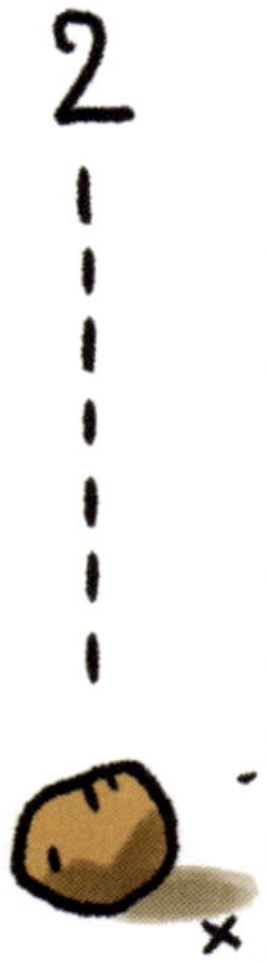

Le lutin s'est tu et a refermé les yeux. J'ai attendu un instant, mais il n'avait pas l'air de vouloir me parler. Déçu, je me suis détourné pour aller rejoindre Barnabouse quand j'ai de nouveau entendu sa voix crisser :
« On dit que tu peux déconcerter le Gardien en lui posant la bonne question. »
Je me suis retourné vers lui : « Quel gardien ? »
Le lutin m'a lancé un regard perçant : « Le Gardien de la Grande Dent du Temps. On dit que de nombreux aventuriers ont essayé de l'avoir à la ruse, mais il connaît toutes les réponses à toutes les questions. Sais-tu quelle question lui poser ? »

J'étais fou de joie : « Alors la Dent du Temps existe vraiment ! Et qui est ce gardien dont vous parlez ? Quelle question je dois lui poser ? Pourquoi je dois lui poser une question ? Où est-ce que je peux le trouver ? »

Le lutin m'a regardé longuement, puis il s'est purement et simplement mis à ondoyer devant mes yeux et sitôt que j'ai cligné des paupières, il a disparu. Je n'ai entendu qu'un léger chsssss, comme du sable qui coule et puis la voix du lutin sortie de nulle part qui chuchotait : « Le jour, il fait trop chaud. Attends que tombe la nuit. »
J'ai cherché du regard, mais à part Barnabouse et sa pelote, je n'ai vu que du sable à perte de vue. Les autres lutins aussi avaient disparu, comme s'ils s'étaient enfouis sous terre, seul le sable dans le vent faisait un faible chsssss...

J'étais à bout. Épuisé, je me suis assis à l'ombre de la pelote de Barnabouse, parce que le soleil était vraiment brûlant. Des pensées s'agitaient dans ma tête : la Dent du Temps, la petite Margot qui pleurait, ce traître de Graillon, ma mère et mon père, ce qu'ils diraient quand ils sauraient que je m'étais enfui de la ferme, l'oncle Munster… jusqu'à ce que je m'endorme.

Chsssss. Le froid m'avait réveillé. Le sable humide me refroidissait le dos et au-dessus de moi brillaient un million d'étoiles glacées… Je n'en avais jamais vu autant de ma vie. Pendant que je dormais, la nuit était tombée et Barnabouse était parti quelque part dans le noir avec sa pelote.

J'ai bondi sur mes pieds et, désespéré, j'ai crié :

« Barnabouse ! Où es-tu ? Pourquoi tu m'as laissé ici ? Barnabouse, reviens, s'il te plaît ! »

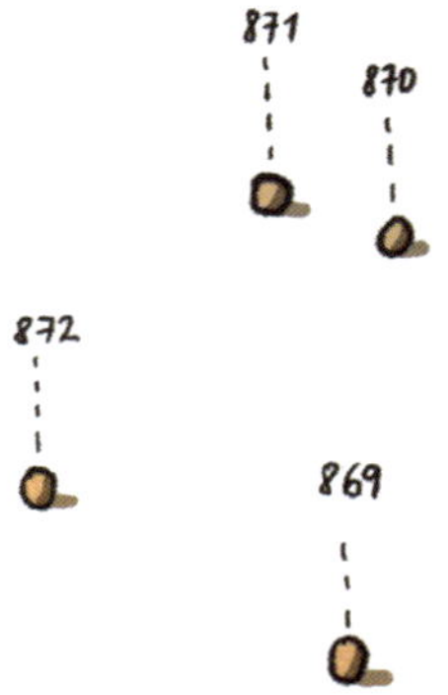

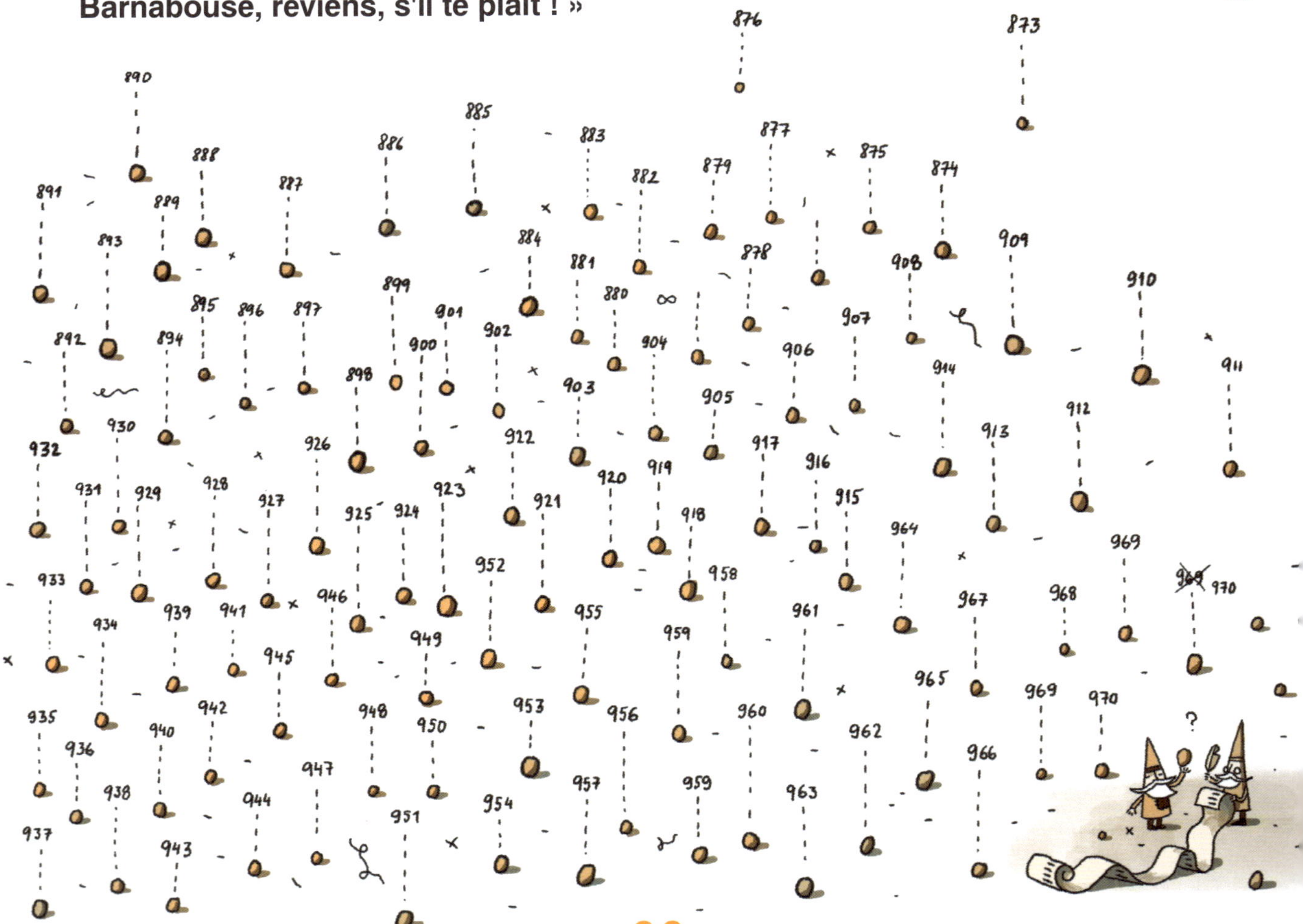

Mais Barnabouse ne revenait pas. Ensuite, j'ai remarqué une soudaine agitation autour de moi. Tous les lutins qui se cachaient dans le sable pendant la journée étaient en train de sortir à présent. Ils n'étaient plus des milliers, mais des millions. Chssssss. J'ai même eu l'impression qu'à l'horizon une dune entière se déplaçait, comme une gigantesque limace qui aurait rampé dans le désert. Chssssss. C'est à ce moment que j'ai vu à la lumière des étoiles, à mes pieds, une trace laissée par la pelote de Barnabouse. Dans les grains de sable en mouvement, elle s'effaçait littéralement sous mes yeux. Je me suis élancé dans la nuit sur ce sillon de sable mou et j'ai fini par gravir une dune jusqu'au sommet. Un peu plus loin, j'ai aperçu Barnabouse qui, heureusement, ne trottait pas à sa vitesse maximale.
Je m'écriais tout heureux :

« Barnabouse ! Mon copain ! Ne pars pas ! »
Il s'est arrêté et s'est tourné vers moi. Je l'ai rattrapé et j'ai vu que nous nous trouvions devant un endroit où le sable tombait brusquement dans les ténèbres.

À l'instant même, Barnabouse a poussé sa pelote qui s'est mise en mouvement, a tourné de plus en plus vite dans cet entonnoir de sable jusqu'à tomber complètement dans le trou. Mon cœur s'est mis à cogner très fort.
J'ai demandé : « C'est ici, hein ? »
Alors Barnabouse et moi, nous avons sauté et, comme la pelote, nous sommes tombés dans le profond entonnoir, longtemps, encore et encore...

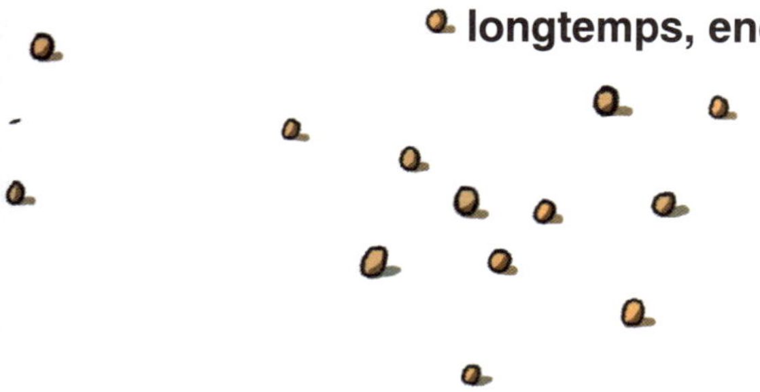

12. Le

Nous avons glissé toujours plus bas dans le tourbillon de sable tandis que je m'accrochais au bousier Barnabouse le plus fort possible. Qu'est-ce que vous voulez, c'était un peu terrifiant. Arrivés en bas, je me suis demandé si chercher la Dent du Temps était une si bonne idée. L'espace autour de nous est d'un coup devenu très vaste et baigné d'une étrange lumière.

Je pouvais enfin regarder autour de moi pour observer l'endroit où nous nous trouvions. Je me suis dit : Eh ben, c'est grand ici ! Je tournais la tête dans tous les sens, c'était si haut et je voyais si loin de tous les côtés ! Jamais de ma vie je n'avais vu un tel espace.

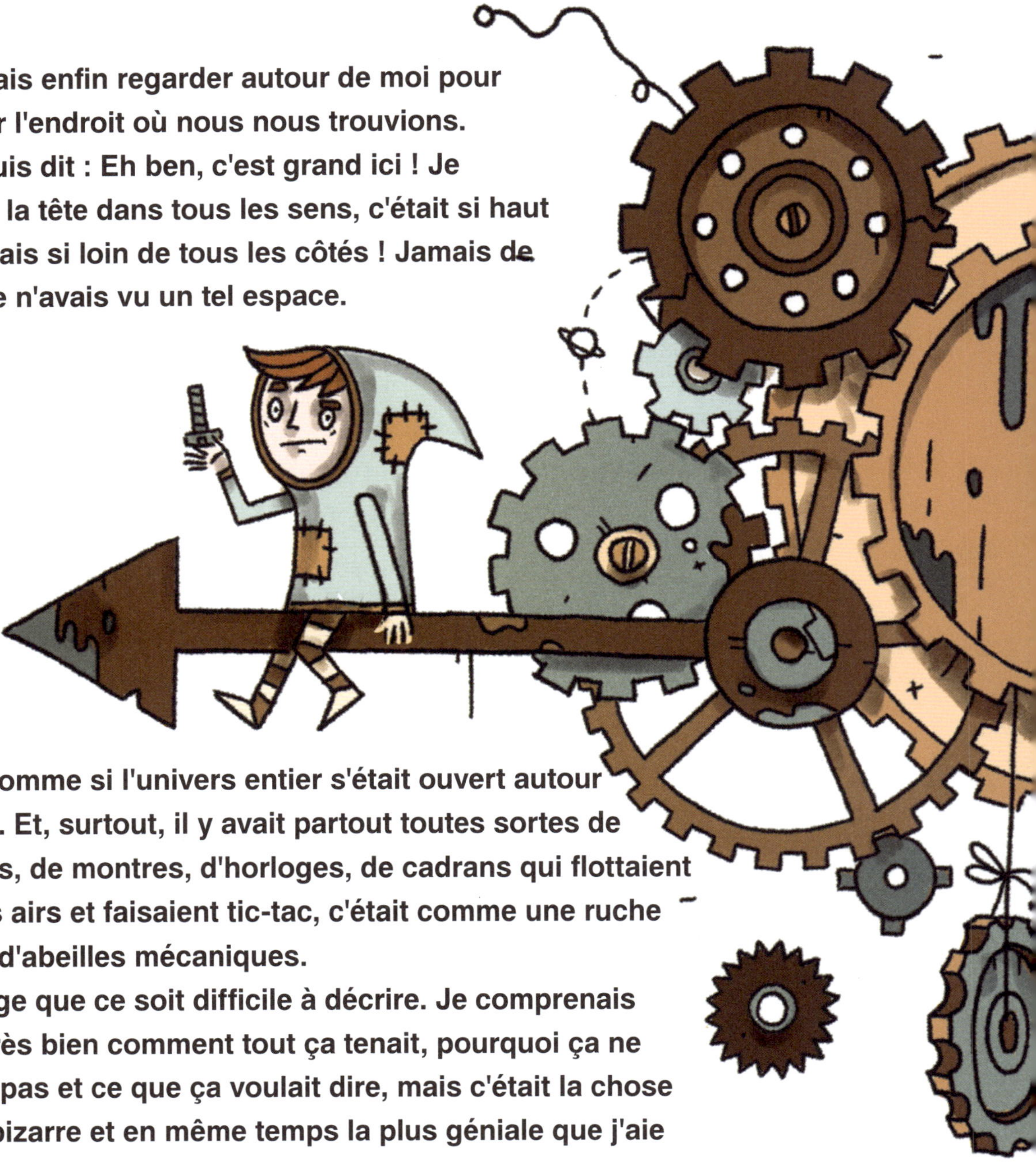

C'était comme si l'univers entier s'était ouvert autour de nous. Et, surtout, il y avait partout toutes sortes de pendules, de montres, d'horloges, de cadrans qui flottaient dans les airs et faisaient tic-tac, c'était comme une ruche remplie d'abeilles mécaniques.
Dommage que ce soit difficile à décrire. Je comprenais à peu près bien comment tout ça tenait, pourquoi ça ne tombait pas et ce que ça voulait dire, mais c'était la chose la plus bizarre et en même temps la plus géniale que j'aie jamais vu.

Gardien

Je me suis dit : Mes aïeux, j'aimerais bien que Graillon voie ça ! Mais je me suis rappelé aussitôt que j'étais fâché contre mon meilleur copain et que j'avais décidé de ne plus jamais lui parler. Barnabouse avait l'air complètement tranquille, il était à quelques pas de moi, appuyé contre sa pelote, comme s'il attendait l'oncle Munster et son chargement d'épluchures.

Soudain, au milieu, pour ainsi dire, de ce gigantesque espace est apparue une effrayante silhouette sombre et immense qui, à la place de la tête, avait un énorme sablier. Le sable y coulait exactement comme dans le désert et à chacun de ses mouvements, il faisait chsssss ! Il m'a fallu un moment pour me rendre compte que les grains de sable formaient quelque chose comme une bouche et des yeux qui me regardaient fixement.

Chsssss ! J'en ai eu des frissons. J'avais très froid. Et aussi très peur. Et puis j'avais soif aussi et, en même temps, j'avais un peu envie de faire pipi.

77
2036
8
22

53

Le grand zigue était immobile. Enfin, à part ce mouvement permanent du sable accompagné par ce bruissement sourd. Et puis sa voix profonde a résonné : « Que viens-tu chsssss chercher ici, Typo ? » Ben ça alors ! Il connaissait mon nom ! Je pensais que rien de plus horrifiant ne pouvait m'arriver, mais je ne me doutais pas de ce qui allait suivre. J'ai quand même rassemblé tout mon courage pour répondre à ce géant de ma voix la plus forte possible : « Bonjour ! Je cherche la Dent du Temps. Je suis enchanté que vous connaissiez mon nom, mais vous, qui êtes-vous ? »
« Chsssss… Je suis le Grand Gardien de la Grande et Toute-Puissante Dent du Temps. Je connais chaque personne par son nom dès sa naissance. Je garde ces lieux depuis des âges immémoriaux et je n'ai le droit de laisser entrer personne, absolument PERSONNE ! Va, retourne d'où tu viens. »

Eh ben il manquait plus que ça… J'étais dépité. Alors on aurait fait tout ce chemin jusqu'ici pour rien ? On était arrêtés par un gardien qui nous disait « Halte là ! Personne ne passe ! » et c'était tout ? Au départ, je pensais que voler Barnabouse, se laisser conduire à la Dent du Temps et l'arrêter pour faire cesser tout vieillissement serait facile comme de mélanger les lettres du mot RIEN. Et ça devait finir comme ça ? Non, je ne pouvais pas en rester là.

Pendant que je réfléchissais fébrilement à ce que je pouvais faire, j'ai remarqué quelque chose de suspect. Barnabouse flânait avec sa pelote et le gardien n'avait pas l'air de le remarquer. Avec ses yeux de sable il ne regardait que moi. Et puis tout à coup, Barnabouse est passé juste devant le gardien et c'était comme s'il était invisible ! Étonné, je n'ai pas pu m'empêcher de l'appeler : « Barnabouse ! »

Chsssss. Le sable s'est agité dans la tête du gardien et il a tonné :
« Avec qui parles-tu ? Chsssss. »
Je commençais à comprendre. Le gardien ne s'était adressé qu'à moi. Était-il possible qu'il ne voie même pas Barnabouse ? Je l'ai testé en m'écriant :
« Eh bien, je parle à Barnabouse, mon bousier, enfin, voyons ! Il est juste là ! »
Je lui ai désigné le bousier qui, derrière lui, se nettoyait une antenne avec la patte droite comme si le plus grand calme régnait.
Chsssss. Le gardien s'est tourné dans tous les sens, il avait l'air perplexe.
« Je ne vois personne ! Quel bousier ? Tu te payes ma trogne, Ô Typo, lutin entropique ? Tu cherches à ruser pour passer et atteindre la Grande Dent du Temps ? Tu n'y arriveras jamais ! Chsssss. »

Alors il ne voyait vraiment pas Barnabouse ! Ça, c'était quelque chose ! Je commençais à me demander si les fariboles de l'oncle Munster n'avaient pas un fond de vérité, comme quoi la Dent du Temps n'a aucun pouvoir sur les insectes. Mais bon, même si Barnabouse était invisible pour lui, le gardien me voyait très bien, moi, et il a suffi que je me déplace un tout petit peu pour qu'il écarte ses jambes et se plante devant moi en grondant : « ON NE PASSE PAS ! Le passage vers la Dent du Temps est défendu ! Je ne le répèterai pas ! Chsssss. »

Je me suis rappelé ce que m'avait conseillé le lutin du désert :
Tu peux déconcerter le Gardien en lui posant la bonne question.
J'avais remarqué que le sable contenu dans le grand sablier que cet immense gardien avait en guise de tête se mettait à s'agiter furieusement à chaque fois qu'il était troublé ou qu'il réfléchissait. Et là je me suis souvenu comment nous avions sué sang et eau avec la rédaction pour le professeur Rebique sur la poule et l'œuf et comment Fendrouille avait soutenu qu'une poule n'est rien d'autre qu'un œuf cassé.

QUI L'ŒIL DU GARDIEN NE VOIT, LA DENT DU TEMPS NE MORDRA.

ANCIEN PROVERBE BOUSIER

J'étais bien obligé d'admettre que mon père avait raison de me dire sans arrêt de bien écouter Rebique qui allait m'apprendre des tas de choses. J'ai regardé le gardien droit dans ses yeux tourbillonnants et je lui ai dit :

« Excusez-moi, monsieur le Gardien, je ne voulais pas vous contourner et encore moins vous mettre en colère. Je voulais juste vous demander quelque chose. C'est une question qui me tracasse depuis longtemps et peut-être que vous saurez m'aider à y répondre, vous qui savez tant de choses. Ensuite, je m'en irai et je retournerai d'où je viens, comme vous me l'avez demandé.

– Chsssss. Je ne suis pas là pour répondre aux questions de tout un chacun, s'est emporté le gardien.
Va chercher ta réponse à l'école, je n'ai pas que ça à faire. J'ai la Dent du Temps à garder !
– Mais, justement, même à l'école ils n'ont pas su répondre à cette question ! me suis-je écrié du ton le plus désespéré possible. Même le professeur Rebique a dit que jamais personne n'avait réussi à y répondre. Il a même dit que c'était impossible !
– À chaque question il existe une réponse. Chsssss. Je connais Rebique. C'est ce jeune lutin qui mélange les lettres dans les livres, n'est-ce pas ?

– Monsieur le professeur Rebique a déjà six cents ans.
– Chsssss. Oui, c'est bien ce que je dis. Un petit jeunot. Pas étonnant qu'il ne trouve pas de réponse à des questions simples.
– Et vous, vous sauriez ? »
Je le cherchais. Il s'est emporté :
« Je connais toujours la réponse ! Mais toi, tu n'as rien à faire ici et si tu ne pars pas tout de suite, je te lance une terrible tempête de sable ! »

Effaré, je me suis recroquevillé alors il s'est tu un instant pour observer avec contentement à quel point j'avais peur de lui.
Seulement, ça le titillait si bien qu'il a ajouté : « Euh, bon... pose ta question... mais après, tu t'en vas tout de suite ! Chsssss. »
J'ai pris une grande inspiration et j'ai articulé en y mettant toute mon énergie :

« QU'Y A-T-IL EU EN PREMIER DE L'ŒUF OU DE LA POULE ? »

Chsssss. Chsssssss. Chsssssssssss...
Le sable dans la tête du gardien s'est mis à tournoyer à toute vitesse.
« Oui, c'est une bonne question. Je la connais. Naturellement, je connais tout. La poule doit bien sortir de l'œuf. Donc... en premier il faut un œuf, la poule ne vient qu'après. Chsssss. Mais d'où viennent les œufs ? Ce sont les poules qui les pondent, bien sûr. Chsssssss. Donc il faut d'abord une poule pour ensuite... Chsssssssss... avoir... Chsssssssssss... un œuf... Chsssssssssssss... »

Je voyais les yeux et la bouche du gardien se perdre dans l'abominable tohubohu du sable tandis qu'il s'efforçait en vain de répondre à la drôle de question de Rebique.
Il m'avait complètement oublié. Barnabouse a remué ses antennes et il s'est mis en marche. La voie vers la Dent du Temps était libre.
J'ai repris mon souffle et je me suis mis à courir derrière Barnabouse.

LA PROBLÉMATIQUE DE L'ŒUF ET DE LA POULE

L'ÉQUIPE DES SCIENTIFIQUES SLURP, GLOUPS ET SMACK A ÉLABORÉ UNE THÉORIE DISANT QUE POUR RÉPONDRE À CETTE ÉTERNELLE QUESTION, IL EST NÉCESSAIRE EN PREMIER LIEU DE RÉSOUDRE UNE AUTRE QUESTION, DIFFÉRENTE ET PRIMORDIALE : EST-IL MIEUX INDIQUÉ, POUR LE PETIT-DÉJEUNER, DE PRENDRE DES ŒUFS BROUILLÉS OU DES ŒUFS À LA COQUE ? ILS DÉVELOPPENT ACTUELLEMENT LEURS RECHERCHES PAR DES EXPÉRIENCES AUX RÉSULTATS ASSEZ VARIABLES.

13.

De

du T

Bien, et maintenant je vais en suer pour vous expliquer ce qui s'est passé. Je suppose qu'aucun d'entre vous n'a jamais vu la Dent du Temps. C'est assez évident, parce que ce n'est vraiment pas simple d'y arriver. Eh bien, si par hasard vous connaissez quelqu'un qui a eu cet honneur ou que vos parents connaissent une telle personne, je vous conseille de lui demander de vous raconter lui aussi, ça vous aidera à comprendre. Je dois admettre que moi-même je n'ai toujours pas bien compris ce qui s'était passé. Au final, j'ai effectivement réussi à arrêter le vieillissement, ça, je peux d'ores et déjà vous le dire sans problème. Sauf qu'il s'est passé quelque chose d'horriblement étrange. En fait, il s'est passé plein de choses très étranges. Il vaut mieux que je commence par le début.

Au début, je suis arrivé à la fin. Même si, quand je me suis mis à suivre Barnabouse dans les profondeurs de cet espace gigantesque et mystérieux, j'ai eu tout d'abord l'impression que tout était infini, sans fin. Autour de moi, il n'y avait que cette mystérieuse et étonnante lueur pleine de montres, de réveils et d'autres choses dont je n'avais pas la moindre idée de ce qu'elles pouvaient être. Ça luisait et clignotait, presque comme quand on regarde le ciel étoilé la nuit, dans le désert.
Par moments j'avais l'impression de me balader dans les étoiles.

Et puis j'ai vu que Barnabouse était immobile à côté d'un endroit où tout semblait réfracter et ça formait comme un mur derrière lequel il n'y avait plus rien. En fait, tout se terminait là et continuait à être partout en même temps, vous voyez ce que je veux dire ? Vous voyez, je vous avais dit que c'était vraiment difficile à décrire. En tout cas, Barnabouse se tenait près d'un grand levier dressé vers le haut et il m'a dit : « Je t'ai conduit jusqu'ici, jusqu'à la Dent du Temps, Typo, j'espère que tu es content. »

J'en ai eu le souffle coupé.
Premièrement : quelle Dent du Temps ? Rien de ce que je voyais ne me faisait penser, de près ou de loin, à une dent ni à quoi que ce soit qui pourrait y ressembler.
Deuxièmement : d'où il sort, ce levier ?
Troisièmement : bon sang de bonsoir, comment ça se fait que ce bousier parle ?!

« Oui, je sais parler, a dit Barnabouse tranquillement. Nous, les scarabées, nous parlons. Ce qu'on dit sur nous est vrai. Dès que le monde s'est formé, nous avons appris la réincarnation, la renaissance. Après la mort, nous renaissons de notre ancienne substance. Ça n'a rien de compliqué. Il suffit de ne pas être dégoûté par ce qui sort de nous-même. »

Barnabouse parlait parfaitement bien et moi, j'étais incapable de proférer le moindre son tellement j'étais ébahi. Alors il a désigné le levier d'une de ses pattes et a continué :
« Peu importe. Si tu veux arrêter usure et vieillissement, c'est avec ce levier-là. Mais je dois te prévenir qu'après, on ne peut pas revenir en arrière.
J'ai fini par déglutir et articuler :
– Mais… bousi… enfin… Barnabouse, tu l'as déjà utilisé, ce levier ?
Il a secoué la tête.
– Non. Pourquoi ? Je n'ai aucune raison d'arrêter la dégradation. Je suis juste au courant pour le levier, alors je t'ai conduit jusqu'ici puisque tu me l'as demandé. Soit dit en passant, un petit merci ou quelque chose dans le genre, ce ne serait pas du luxe…
Je me suis ressaisi :
– Merci beaucoup, Barnabouse, tu as raison, c'est exactement ce que je voulais ! Seulement… seulement je ne m'attendais pas à ce que ce soit un levier.
Barnabouse a bâillé :
– Ah. Et ça te pose un problème ?

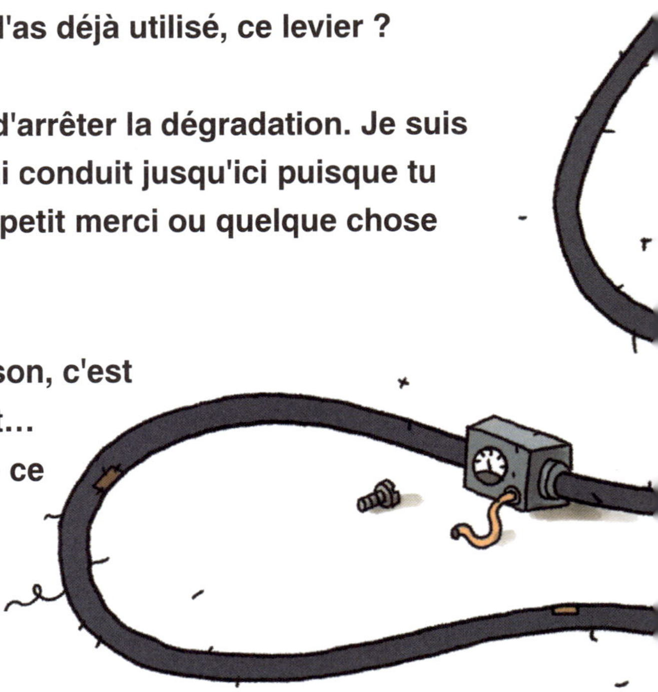

Je réfléchissais à toute vitesse :
– Non, bien sûr que non... enfin... je ne sais pas... Ça me paraît tellement simple, tu comprends ? Il suffit de baisser un levier et tout est réglé !
– Oui. C'est un peu l'avantage avec les leviers », a acquiescé Barnabouse.

Je me suis approché de ce levier et je l'ai regardé un moment. Il ressemblait à un levier tout à fait ordinaire. Je me suis tourné vers Barnabouse : « Qu'est-ce qui va se passer exactement si je le baisse ?
– Tu auras arrêté la Dent du Temps », a-t-il dit d'un air indifférent, comme s'il parlait du clignotant d'une voiture.
Je ne voulais pas m'en tenir à ça : « Mais alors, où elle est cette Dent du Temps ?
– Mon petit cœur, la Dent du Temps est partout ici, enfin ! » Il lissait tranquillement ses antennes.
Je regardais de nouveau tout autour de moi et ce n'est qu'en restant les yeux rivés sur ce levier isolé que je me suis dit que la Dent du Temps devait vraisemblablement être à l'autre bout du câble qui en partait et que si Barnabouse avait raison, il suffisait tout simplement de le baisser.

J'ai réfléchi. Oui, j'allais arrêter la Dent du Temps, j'allais arrêter la dégradation ! C'était exactement ce que je voulais ! Plus jamais Margot ne pleurerait sur ses jouets cassés. Le professeur Rebique allait devoir enfin mettre un point final à son Histoire de la dégradation. Ce cafteur de Graillon, Coulure, ma mère et mon père, ils allaient tous voir que j'avais eu raison et ils me remercieraient ! Ils allaient avoir tout le temps du monde pour... pour... euh... enfin, bon... on trouverait bien pour quoi. Il y aurait tout le temps du monde pour tout ce qu'on voudrait.

J'ai attrapé le levier à deux mains et j'ai vu encore une fois l'image de Margot qui pleurait à son anniversaire. Arrêter l'écoulement du temps, ça valait vraiment le coup ! J'ai tiré sur le levier.

ET SOUDAIN... RIEN.

TOUT SIMPLEMENT

PLUS RIEN NULLE PART.

VRAIMENT ABSOLUMENT RIEN !

Je ne sais pas vraiment comment vous décrire ça au mieux, mais quand j'ai tiré le levier, tout a disparu. Subitement, plus de lueur mystérieuse, plus d'horloges ni d'étoiles, il n'y avait plus que les ténèbres, le noir absolu.
Et puis il y avait moi, Barnabouse et le levier. Nous flottions dans une sorte de vide. Du moins, c'est l'impression que j'avais, parce que quand il n'y a vraiment plus rien autour, on ne peut pas savoir si on flotte, où est le haut, où est le bas… C'est à devenir fou.

J'ai soufflé d'une voix étranglée : « Barnabouse ? Qu'est-ce qui s'est passé ?
– Tu as arrêté le vieillissement, l'usure et la dégradation. Tu as arrêté le temps. Tout ce qui avait une direction, un sens, tout ce qui se développait a cessé de bouger. Même la lumière, qui est une ondulation, s'est arrêtée. La Dent du Temps a cessé de fonctionner. Plus rien ne s'use. Plus rien ne bouge. Plus rien n'est.
– Mais, je ne voulais pas qu'il n'y ait plus rien ! Je voulais juste que les choses cessent de se dégrader !
– Eh bien, te voilà exaucé. Quand les choses ne sont plus, elles ne s'usent ni ne vieillissent. Tu as réussi, tu devrais être content ! »

À vrai dire, je ne me sentais pas content du tout.
J'étais interloqué, peut-être comme vous qui me lisez à présent. Barnabouse semblait totalement indifférent, mais moi, j'étais au bord des larmes. Ça ne me plaisait pas du tout qu'il n'y ait que du rien partout, ou plutôt qu'il n'y ait plus rien nulle part… ni de me retrouver seul dans le noir avec un bousier qui parle. Je voulais que soient là, avec moi, ma mère, mon père, Graillon, l'oncle Munster et même Poucave ou encore Fendrouille et Miskine, bref.

N'IMPORTE QUI, MAIS QUELQU'UN !

J'ai essayé de remettre le levier dans sa position initiale, mais je n'y arrivais pas. Alors je l'ai agité de plus en plus fort et… il s'est cassé ! Je suis resté bouche bée à regarder le levier dans ma main. Barnabouse a bougé ses antennes :
« Je te l'avais dit qu'on ne pouvait pas revenir en arrière.
– Mais c'est pas possible ! »

Cette fois je m'étais mis à pleurer pour de bon : « Il doit bien y avoir un moyen de le remettre ! On est bien encore là, nous deux !
– Nous deux, nous sommes hors de l'influence de la Dent du Temps. Toi, c'est parce que tu l'as immobilisée et moi, c'est parce que j'ai ce pouvoir. Tout le reste s'est arrêté.
– Si j'avais su que sans le vieillissement il n'y aurait plus rien, j'aurais jamais arrêté la Dent du Temps ! Pourquoi tu me l'as pas dit ?
– Parce que tu ne l'as pas demandé. Ne pleure pas, Typo, ce n'est pas si mal que ça, le néant. Je l'ai déjà vécu quelques fois et à chaque fois j'en suis ressorti comme un nouveau-né ! Bon, c'est vrai que là, ça va être un peu différent puisque tu as arrêté absolument tout l'écoulement du temps. Ça va durer un peu plus longtemps. À peu près une éternité, je dirais, hihihi ! Allez, je vais faire une petite sieste. Bonne nuit. »
Là-dessus, cet abominable animal a bâillé, s'est roulé en boule dans ses élytres, s'est mis à ronfler et puis il s'est éloigné lentement en flottant.

J'étais… comment dire ? Complètement détruit. Je pleurais sans arrêt, toujours plus, j'étais épouvanté par ce que j'avais fait.
S'il vous est déjà arrivé de rester une nuit entièrement seul à la maison ou bien d'attendre tout seul dans la voiture ou encore de vous retrouver quelque part vraiment vraiment seul, vous savez sans doute qu'au bout d'un moment ce n'est plus agréable du tout. Certains ne peuvent pas rester seuls un instant, d'autres peuvent rester seuls pour un moment, mais personne ne peut rester seul POUR TOUJOURS !

Vous pouvez vous imaginer une chose pareille ?

Je crois que c'est ça le pire, avec le néant. Le fait qu'il soit partout et pour toujours. On ne peut pas s'en débarrasser. Il faut vraiment être un bousier pour que ça ne vous fasse rien. Et juste au moment où je commençais à penser que j'allais devenir complètement fou, j'ai entendu une petite voix très lointaine : « Eeeeh ! Allôôôô ! Y'a quelqu'un ? Allôôô ! » Je n'en croyais pas mes oreilles. Parce que, cette voix, je la connaissais bien, très bien même…

14. Un de n pa

Graillon ! C'était mon copain Graillon ! Il portait un drôle d'habit et il agitait les bras et les jambes en s'approchant de moi. Jamais de ma vie je n'avais été aussi heureux de voir sa bonne bouille barbouillée. Quand ça va vraiment au plus mal et qu'un copain surgit de nulle part, rien ne peut se comparer à un sentiment pareil.

copain

ulle

rt

« Graillon ! Ici ! Làààà ! » J'ai agité les bras et les jambes pour qu'il me repère. Ça a marché. Graillon s'est mis à manœuvrer dans ma direction. Nous nous sommes littéralement tombés dans les bras.
« Graillon !
– Typo ! Je suis trop content de te voir, mon pote ! »
On se serrait fort en se tapotant sur l'épaule et en riant, c'était tellement génial de ne pas être seuls dans ce sombre néant. En même temps, j'étais intrigué par le costume qu'il portait. Et tout à coup, j'ai compris :
« Ouah ! Graillon ! Mais tu portes le chronoscaphandre ! »

C'était bien ça. Graillon m'a expliqué qu'il avait trouvé le scaphandre dans le dépotoir de l'oncle Munster. L'ingénieure Trotteuse, dépitée, l'avait jeté après son fiasco au Quedalle. Graillon avait voulu l'essayer pour rigoler, seulement, il s'était collé à lui et il n'y avait plus moyen de le sortir de là. Le scaphandre était fait d'une matière spéciale qui s'était carrément intégrée à Graillon. Personne n'avait réussi, ni l'oncle Munster, ni monsieur Graillon, ni madame Graillon ; même les parachutés spécialistes de l'encrassage des textiles qu'ils avaient appelés n'avaient pas su quoi faire, ils étaient restés là, à secouer la tête et avaient désigné Graillon champion de sa catégorie.

Si bien que le pauvre Graillon avait dû manger, dormir et même aller à l'école dans le scaphandre. Vous pouvez imaginer ce qu'il a enduré avec Fendrouille et Miskine. C'est justement au moment où ils s'amusaient à le faire rouler dans les escaliers que soudain tout a disparu.

« C'était vraiment fort de cacao ! Au début, ma tête tournait tellement que je n'y voyais plus rien, me racontait Graillon tout ému. Sauf qu'après, quand ma tête a cessé de tourner, je n'y voyais pas un broque de plus. Mon pote, c'est vraiment ce que j'ai vécu de plus terrifiant !
– Tu m'étonnes, ai-je acquiescé. C'est trop bien que tu sois là ! »

Graillon m'a regardé d'un air surpris : « Alors tu ne m'en veux plus de t'avoir dénoncé ?
Je l'ai pris de nouveau dans mes bras :
– Graillon, t'es mon copain, ne sois pas ridicule. Je sais que tu voulais bien faire. On ne va pas être fâchés maintenant, alors qu'on est seuls au monde avec un fichu bousier.

– Je suis vraiment content, Typo. J'avais peur que tu ne veuilles plus jamais être mon ami. » Puis il s'est tu et il a regardé les ténèbres tout autour de lui. « Tu ne sais pas ce qui s'est passé, par hasard ? » a-t-il dit d'une petite voix gênée.

Alors j'ai tout raconté à mon copain Graillon :
Barnabouse, notre voyage endiablé à travers le monde, les lutins du désert, le Grand Gardien et comment j'ai baissé le levier pour éteindre la Dent du Temps.
« Chocochoc ! »

À quelle autre réaction s'attendre de sa part, franchement ? Mais pendant qu'il était tout ébahi, moi, j'avais déjà le cerveau qui tournait à toute berzingue : « Eh, Graillon ! Tu sais ce que ça prouve ? Ça prouve que le scaphandre de Trotteuse fonctionne !
– Ah ben, oui, c'est vrai... » Il se frottait le dessus du casque de la main. « S'il ne fonctionnait pas, je ne serais pas ici, hein ?
– Exactement ! La Dent du Temps a cessé d'avoir de l'influence sur toi, alors quand je l'ai arrêtée, ça ne t'a rien fait. L'ingénieure Trotteuse était vraiment plus intelligente que ce que tout le monde croyait.
– Oui, d'accord, mais... qu'est-ce qu'on va faire maintenant, Typo ? Ça va rester comme ça pour toujours ?
– Ah ça non ! Nous allons tout remettre en place ! » Retrouver mon copain avait éveillé en moi une énergie inattendue. J'avais l'impression que nous allions réussir à résoudre ça ensemble aussi facilement que pour les devoirs de monsieur Erratum.
Sauf qu'en vérité ce n'était pas aussi facile.

Nous nous sommes précipités tous les deux sur le levier cassé pour l'examiner de près. Pas moyen de le faire bouger. Le levier était bien cassé et impossible à remettre en place. Nous avons essayé de pousser pour le faire entrer, de taper dessus, nous nous sommes remémoré tous les trucs que nous avions entendu dire par tous les lutins démonteurs, corrodeurs, metteurs-en-pièces, mais rien n'y faisait.
Nous avons fini par nous assoir dans le vide, épuisés, pour réfléchir à ce qu'il en serait, maintenant qu'il n'y avait plus rien. J'ai sifflé entre mes dents, furieux :
« De toute façon, tout ça, c'est la faute de Barnabouse ! »

Ce qui a étonné Graillon : « Pourquoi Barnabouse ?
– Il m'a emmené jusqu'ici, il m'a incité à tirer sur le levier et il ne m'a même pas dit ce que ça ferait.
– Quoi ? Barnabouse parle ?! Vraiment ?! a lâché Graillon, stupéfait.
J'avais perdu patience, alors j'ai crié :
– Oui, il parle ! Mais on va plus parler de lui, parce que j'en ai plein le dos de ce bousier stupide et prétentieux !
– Vous parlez de moi, messieurs ? »

Évidemment, c'était lui. Il avait surgi derrière le levier juste au moment où je le traitais de stupide et de prétentieux. Enfin, je sais bien que ça arrive parfois, on parle de quelqu'un, on ne veut surtout pas qu'il entende ce qu'on dit et, comme par hasard, c'est à ce moment-là qu'il arrive. Mais il faut vraiment que ça m'arrive même quand tout le monde a disparu ?
C'est possible d'avoir encore plus la poisse ?
Heureusement, Barnabouse n'avait pas l'air vexé du tout, il était tout à ses retrouvailles enthousiastes avec Graillon qui bredouillait à qui mieux mieux :
« Barnabouse, mon Barnabouse ! C'est super de te revoir ! Alors tu parles, pour de vrai ! C'est fort de cacao, ça ! Tu as tellement manqué à tonton !

– Oui, lui aussi il me manque, a marmonné Barnabouse. Le dépotoir est vraiment l'un des plus beaux endroits que j'aie connus de ma vie.
– Et tu ne pourrais pas nous aider ? Comme ça tu pourrais y retourner ! » a dit Graillon avec empressement. Moi, j'estimais plus prudent de me taire.

Barnabouse a eu l'air de réfléchir. Pendant un long moment, il a tourné autour de la manette sans rien dire. Et puis il a hoché la tête, ce qui a balancé ses antennes, et il a dit lentement :
« Je pense que pour remettre la Dent du Temps en route, il va vous falloir une bonne poignée de chance... »

Cette bestiole commençait vraiment à me taper sur les nerfs. J'ai fulminé :
« Oh ! Merci beaucoup pour ce précieux conseil, Barnabouse, vraiment ! »
Il a juste grimacé et j'ai vu Graillon se mettre à se trémousser dans son scaphandre.

« Qu'est-ce que tu fais, Graillon ?
– Je crois bien que j'avais ça quelque part par ici... » Et il se tortillait encore et encore dans le scaphandre.
« Il y avait une grande poche là, avec plein de trucs dedans...
– Tu vas pas me dire que tu prends ce débile de bousier au sérieux ? »
J'ai secoué la tête, mais déjà Graillon sortait de la poche de son scaphandre des objets que l'ingénieure Trotteuse y avait fourrés : un émousse-couteau de poche, une praline mâchouillée, quelques boulons et écrous, un Kleenex usagé et... une poignée !
« Ah ! Voilà ! », a jubilé Graillon.

J'étais sur le point de lui crier dessus, de lui dire qu'il faisait des âneries, alors qu'on était censés sauver le monde, mais j'ai regardé cette poignée plus attentivement, bouche bée, puis j'ai compris et me suis exclamé :
« Graillon, mon pote ! Cette poignée est exactement de la même taille que le levier que j'ai cassé ! »

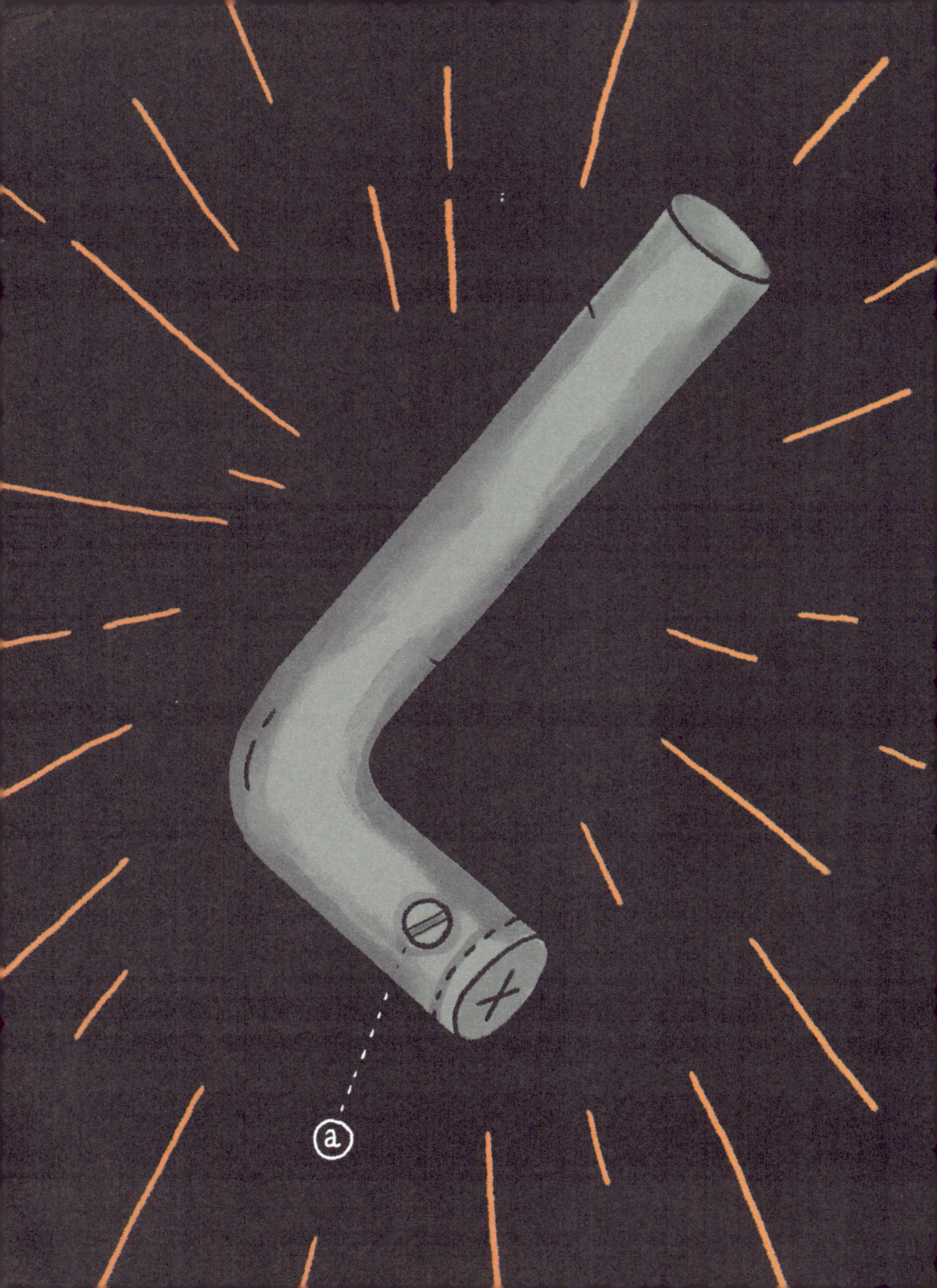
a

C'était vrai. J'ai enlevé le bout de levier qui restait et j'ai essayé de mettre la poignée à la place. Elle rentrait comme si elle était faite pour ça. Je vous le dis, cette ingénieure Trotteuse, c'est vraiment une as ! Graillon a éclaté de joie et s'est mis à agiter les bras comme un fou :
« Une bonne poignée de chance ! La bonne poignée ! Quelle chance ! »

Du bout de la bouche, de son insupportable ton prétentieux, Barnabouse a dit :
« Je vous l'avais dit. Il suffit d'une bonne poignée de chance pour qu'elle rentre et il n'y a plus qu'à tirer dessus pour que le monde tourne à nouveau rond. Rond comme une pelote de... enfin, vous voyez...

– Franchement, Barnabouse, ce que la chance peut nous donner de mieux, c'est un bon ami, lui ai-je répondu. Si Graillon n'était pas arrivé, nous n'aurions jamais pu relancer la Dent du Temps ! »

Barnabouse a agité ses antennes et a demandé :
« Et vous êtes sûrs que c'est ce que vous voulez faire ? Vous voulez que recommence la dégradation ? Que les choses s'usent, se détériorent, se déchirent, tombent en morceaux, pourrissent et cessent de fonctionner ?
Que les enfants pleurent de nouveau à cause de leurs jouets cassés ?
Que le professeur Rebique écrive un nouveau volume de son Histoire de la dégradation ?

Graillon et moi, nous nous sommes lancé un coup d'œil et sans hésitation :

– BIEN SÛR QUE OUI ! »

Et puis, chacun d'un côté du levier, nous l'avons attrapé et poussé...

15. To
dégrad
vers

out se
e et tend
sa fin

Et depuis, tout vieillit et se désagrège bien gentiment de nouveau. Vous ne pouvez pas savoir à quel point j'ai été soulagé au moment où, avec mon copain Graillon et Barnabouse, j'ai redémarré la Dent du Temps. Je ne peux pas l'affirmer avec certitude, mais je pense tout de même que, de toute ma vie, ce sera difficile de me retrouver dans un plus gros pétrin que celui-là.

Je dois dire que cette aventure nous a rendus plutôt célèbres Graillon et moi. Évidemment, nos parents ont tout d'abord été extrêmement fâchés. J'ai dû écrire mille lignes :

PULS JAMAIS JE N'ARRÊTERIA LA DENT DU SETMP

Vous n'imaginez pas à quel point ça demande des efforts de se concentrer pour écrire avec ces lettres mêlées, grrrr !

Enfin, après, tout allait bien. Graillon a réussi à sortir du chronoscaphandre grâce à l'aide précieuse de Pêlepot qui est en cinquième année. L'ingénieure Trotteuse a fini par obtenir le Quedalle de cristal du mérite et a voulu embaucher Graillon comme assistant personnel et testeur de nouvelles inventions. Il a refusé poliment, mais devinez quoi ? Eh oui ! Je me suis proposé et Trotteuse a accepté ! Je me rends trois fois par semaine au laboratoire des nouvelles technologies entropiques et j'y travaille sur des trucs incroyables. Je vous en parlerai une autre fois.

Ah oui : Barnabouse est retourné au dépotoir de l'oncle Munster et il est content de l'aider avec les chariots d'épluchures. Je le vois de temps en temps et nous nous faisons un signe de tête, comme ça, en silence. Cet insecte n'a pas prononcé le moindre mot depuis nos ennuis avec la Dent du Temps et je pense que c'est bien mieux comme ça. Je me suis excusé auprès de l'oncle et je lui ai proposé de travailler pour lui au dépotoir pour compenser le fait que je lui avais volé son bousier. Mais il a juste fait un signe de la main, comme quoi ce n'était pas la peine et puis il a déclaré qu'à présent il était encore plus fier de Barnabouse puisque, grâce à notre aventure, il était devenu célèbre. Il venait de le réinscrire au championnat de trot encrotté et ils s'entraînaient régulièrement.

Notre arrêt de la Dent du Temps est entré dans l'Histoire. Il est au programme de première année à l'E.E.D., pour que les élèves comprennent bien à quel point la dégradation et l'usure sont importantes et bénéfiques. Et vous, qu'est-ce que vous en pensez ?

En tout cas, maintenant, vous savez le travail que c'est de rendre les objets autour de vous usés, rouillés, délabrés.
Est-ce que vous pouvez en voir un maintenant ?
Alors observez-le bien. Vous n'avez pas l'impression que même la vieille chaussure pleine de boue jetée dans un coin de l'entrée est plutôt belle ? Elle a été propre et reluisante avec un parfum de neuf, mais ça ne dure qu'un temps. Car nous travaillons pour changer les chaussures neuves en bonnes vieilles godasses.
Nous sommes là pour ça. À votre service. Sept jours sur sept, du matin au soir et parfois même la nuit. Alors, ayez une pensée pour nous et souhaitez-nous de travailler jusqu'à l'usure. Salut !

Ah, au fait : faites gaffe, quand vous aurez fini de lire ce livre, il va exploser et partir en fumée !

Hi hi hi ! Je plaisante.
Elle est inusable, cette blague.

FNI

TYPO

GRAILLON

MAMAN ET PAPA TYPO

MAMAN ET PAPA GRAILLON

ONCLE MUNSTER

BARNABOUSE

ONCLE VRILLETTE

MISKINE

FENDROUILLE

PROFESSEUR REBIQUE

INGÉNIEURE
PIGMENT

LES FRÈRES RITZ

MADAME COULURE

POUCAVE

PÊLEPOT

MONSIEUR ERRATUM

MADAME
AILERON-DUDOS

PARATROOPER
VITTEL

INGÉNIEURE
TROTTEUSE

SCHIBBOLET
LE LUTIN DU DÉSERT

GRILLON

MONSIEUR DESPOUX

TYPO ET GRAILLON

ÉCRIT PAR
TOMÁŠ KONČINSKÝ ET BARBORA KLÁROVÁ

ILLUSTRATION PAR
DANIEL ŠPAČEK

CORRECTION PAR
VERONIKA KOPEČKOVÁ

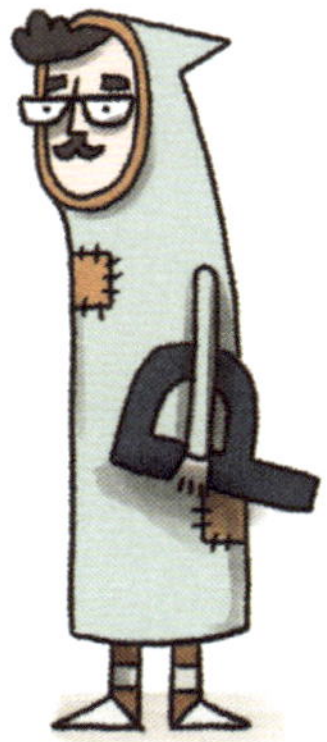

CONCEPTION GRAPHIQUE ET TYPOGRAPHIQUE PAR
PETR ŠTĚPÁN

DIRECTION ÉDITORIALE PAR
PETR ELIÁŠ

TRADUCTION FRANÇAISE PAR
EURYDICE ANTOLIN